Veronika Pichl

ESSEN
ohne Zucker

Veronika Pichl

ESSEN ohne Zucker

Über 60 süße und herzhafte Rezepte

Bibliografische Information der Deutschen Nationalbibliothek:
Die Deutsche Nationalbibliothek verzeichnet diese Publikation in der Deutschen Nationalbibliografie.
Detaillierte bibliografische Daten sind im Internet über http://d-nb.de abrufbar.

Für Fragen und Anregungen:
info@rivaverlag.de

Originalausgabe
3. Auflage 2018

© 2018 by riva Verlag, ein Imprint der Münchner Verlagsgruppe GmbH
Nymphenburger Straße 86
D-80636 München
Tel.: 089 651285-0
Fax: 089 652096

Alle Rechte, insbesondere das Recht der Vervielfältigung und Verbreitung sowie der Übersetzung, vorbehalten. Kein Teil des Werkes darf in irgendeiner Form (durch Fotokopie, Mikrofilm oder ein anderes Verfahren) ohne schriftliche Genehmigung des Verlages reproduziert oder unter Verwendung elektronischer Systeme gespeichert, verarbeitet, vervielfältigt oder verbreitet werden.

Redaktion: Caroline Kazianka
Umschlaggestaltung: Manuela Amode
Umschlagabbildungen: © Karina Sowa; JeniFoto/Shutterstock.com; laperla_foto/shutterstock.com; Elena Veselova/shutterstock.com; © Vanessa Faschingbauer
Satz: inpunkt[w]o, Haiger (www.inpunktwo.de)
Druck: Florjancic Tisk d.o.o., Slowenien
Printed in the EU

ISBN Print 978-3-86883-573-1
ISBN E-Book (PDF) 978-3-7453-0355-1
ISBN E-Book (EPUB, Mobi) 978-3-7453-0356-8

Weitere Informationen zum Verlag finden Sie unter

www.rivaverlag.de

Beachten Sie auch unsere weiteren Verlage unter www.m-vg.de

Inhalt

Gefangen in der »Zuckerspirale«? ... 7

Frühstück ... 23
Pancakes ... 23
Overnight Oats ... 24
Bananenbrot ... 25
Kaffee–Oatmeal ... 26
Superfood-Müsli-Bowl ... 27
Chia-Erdbeer-Pudding ... 28
Granola ... 30
Kunterbunte Smoothie-Bowl ... 32

Suppen ... 33
Tomaten-Mozzarella-Suppe ... 33
Minestrone mit weißen Bohnen ... 34
Cremige Brokkoli-Sellerie-Suppe mit Feta ... 36

Salate ... 37
Beeriger Blattspinat-Salat ... 37
Avocado-Lachs-Salat ... 38
Zucchinisalat mit Schafskäse, Oliven und Pinienkernen ... 40

Hauptspeisen mit Hähnchen ... 41
Kürbis-Hähnchen-Topf ... 41
Asiapfanne mit Blumenkohlreis ... 42
Chicken–Nuggets mit Curry-Dip ... 44
Hähnchen-Bruschetta ... 46

Hauptspeisen mit Fleisch und Wurst ... 47
Kohlrabi-Hack-Auflauf ... 47
Hackbällchen in Tomatensauce mit Blumenkohlpüree ... 48
Spaghetti bolognese ... 50
Burger ... 52
Brokkolinudeln mit Brokkoli-Käse-Sauce ... 54
Auberginen-Mozzarella-Röllchen ... 56

Hauptspeisen mit Fisch und Garnelen ... 57
Lachsomelett ... 57
Fisch mit Gemüsekruste ... 58
Blumisotto mit Garnelen ... 59
Lachs mit Zucchininudeln und Sahnesauce ... 60
Fischfrikadellen mit Meerrettich-Dill-Dip ... 62

Hauptspeisen vegetarisch und vegan 63
Auberginen-Parmesan-Piccolinis 63
Pizza mit Blumenkohlboden 64
Gnocchi mit fruchtiger Tomatensauce 66
Zucchinispaghetti mit Avocado-Spinat-Pesto 68
Deftige Zucchini-Pancakes mit Joghurt-Dip 70

Süßes und Desserts 71
Bratapfel 71
Hüttenkäse-»Milchreis« mit Erdbeersauce 72
Heidelbeer-Joghurt-Muffins 73
Schoko-Cookies 74
Fruchtgummi 75
Zuckerfreie Schokolade 76
Schokosauce 76
Schokoglasur und dunkle Schokolade 77
Weiße Schokolade 77
Schoko-Bananen-Kugeln 78
Schoko-Creme mit Beeren 80

Snacks 81
Schinken-Zucchini-»Baguette« 81
Gurkensushi 82
Rote-Bete-Zucchini-Türmchen 84
Gefüllte Schinkenröllchen 86

Eis, Frozen Yoghurt 87
Erdbeer-Eis 87
Coole Fruity-Bites 88
Schoko-Popsicles 90

Brot, Brötchen, Cracker 91
Brot 91
Brötchen 92
Pikante Quinoa-Cracker 94

Knabbern 95
Käse-Chips 95
Brokkolistrunk-Chips 96
Zucchini-Chips 98
Salami-Chips 99
Apfelschalen-Chips 100

Basics 101
Nuss-Nugat-Creme 101
Ketchup 102
Frischkäse-Dips 103
Gemüsebrühenpaste 104
Marmelade 105
Erdnussbutter 106

Danksagung 108
Über die Autorin 109
Bild- und Rezeptnachweis 110

Gefangen in der »Zuckerspirale«?

Etwas Süßes zwischendurch – das ist als Trostpflaster, kleine Aufmunterung oder Belohnung nach einem harten Tag besonders beliebt. Kein Wunder, schließlich ist die Lust auf Süßes tief in uns verwurzelt und sogar angeboren: Bekommt ein Kleinkind ein süßes Getränk, lacht es freudig – ist etwas Saures im Fläschchen, wird das Kind erschrocken das Gesicht verziehen. Der Grund hierfür liegt bereits bei unseren Vorfahren, denen der süße Geschmack eines Lebensmittels suggerierte, dass es besonders viel Energie enthält und bevorzugt gegessen werden sollte. Schließlich verbrauchten unsere Vorfahren viel Energie – selbst dann, wenn Nahrung knapp war. Auch heute noch ist unser Gehirn deshalb auf »Zuckerlust« programmiert – und das, obwohl die Energie, die wir unserem Körper damit zuführen, oft gar nicht wirklich benötigt wird. Schließlich wird durch Zucker, insbesondere in der Kombination mit Fett, das Belohnungszentrum unseres Gehirns stimuliert. Dementsprechend verbinden wir Kuchen, Schokolade und Co. mit positiven Gefühlen und können nur schwer Nein dazu sagen.

Klar, dass das beherzte Zugreifen bei Süßem schlecht für die Figur ist und sich das ein oder andere Stück Kuchen zu viel irgendwann auf der Waage bemerkbar macht. Aber hat zu viel Zucker davon abgesehen vielleicht noch weitere negative Auswirkungen auf unsere Gesundheit? Sind wir tatsächlich Gefangene der »Zuckersucht« oder können wir unsere Lust auf Süßes vielleicht sogar zuckerfrei befriedigen? Und sind es wirklich nur Schokolade, Gummibärchen und Gebäck, die die »Droge Zucker« enthalten? All diese Fragen soll dieses Buch beantworten und dabei helfen, die süßen Seiten des Lebens auch ohne Zucker zu genießen.

Die Zuckerspirale: Zucker macht Lust auf noch mehr Zucker

Am Abend wollen wir uns ein kleines Stück Schokolade gönnen – und bevor wir es überhaupt merken, ist die ganze Tafel aufgegessen. Klar, dass das insbesondere dann zum Problem wird, wenn die Zuckerlust unsere Diätpläne durch übermäßigen Süßigkeitenkonsum zunichtemacht. Zusätzlich kann ein Übermaß an Zucker aber auch zu Antriebslosigkeit, Müdigkeit, Magen- und Darmproblemen sowie Schlafstörungen führen und unser Immunsystem schwächen.

Doch können wir diese gesundheitlichen Nachteile abwenden, indem wir Schokolade, Kuchen und Gummibärchen mit viel Willenskraft und Überzeugung von unserem Speiseplan streichen? Leider lautet die Antwort hier: Nein. Schließlich sind oft nicht nur diejenigen in der Zuckerspirale gefangen, die gerne etwas Süßes naschen, sondern auch Menschen, die es herzhaft lieben oder bewusst auf Naschereien verzichten. Der Grund dafür: Zucker steckt in vielen Nahrungsmitteln, insbesondere in Fertiggerichten, industriell verarbeiteten und anderen Lebensmitteln, in denen wir ihn nicht vermuten. Ohne es wirklich wahrzunehmen, haben wir uns darum längst an einen hohen Zuckerkonsum gewöhnt und wissen oft gar nicht, wie wir den Zuckerkreislauf überhaupt durchbrechen können.

Doch es geht auch anders! Ist uns bewusst, was Zucker überhaupt ist, in welcher Form wir ihn zu uns nehmen und was er in unserem Körper anrichtet, fällt es uns schon viel leichter, gezielt auf Zucker zu verzichten. Und das hilft nicht nur dabei, das Körpergewicht im Rahmen einer Diät zu reduzieren, sondern auch, gesünder und vitaler zu leben.

Zuckerirrtümer

Grund für diese schon in der Kindheit beginnende Konditionierung auf übermäßigen Konsum von Zucker und anderen einfachen Kohlenhydraten sind zahlreiche Ernährungsirrtümer. Und gerade die Irrtümer, die den Zucker betreffen, sind besonders weit verbreitet und halten sich hartnäckig.

Wir brauchen täglich Zucker.

Stimmt nicht! Um Energie zu gewinnen und aktiv zu sein, benötigen wir keinen Haushaltszucker. Stattdessen brauchen wir Glucose, auch als Traubenzucker bekannt, um unseren Körper funktionsfähig zu erhalten. Glucose kann unser Körper

jedoch selbst aus Gemüse, Getreide oder anderen gesunden Nahrungsmitteln herstellen.

Brauner Zucker und Honig sind gesund.

Brauner Zucker ist als Vollzucker, Braunzucker und Vollrohrzucker erhältlich. Vollzucker stellt dabei nicht raffinierten Zucker aus der Zuckerrübe dar. Vollrohrzucker hingegen wird aus Zuckerrohr hergestellt. Braunzucker ist lediglich karamellisierter, herkömmlicher Zucker, der braun gefärbt wird. Anders als Haushaltszucker und Braunzucker enthalten Vollzucker und Vollrohrzucker im Vergleich etwas mehr Mineralstoffe. Der Unterschied ist hierbei jedoch gering.

Honig hingegen schmeckt besonders natürlich, weist einige Vitamine, Mineralstoffe und Enzyme auf, besteht aber zu 80 Prozent aus Fruchtzucker, Traubenzucker, weiteren Zuckerarten und Wasser. Entsprechend hat Honig herkömmlichem Zucker zwar in puncto Vitamin- und Mineralstoffgehalt etwas voraus, ist aber nicht unentbehrlich für unsere Ernährung.

Zucker – der effektivste Energielieferant?

Falsch! Fett hat im Vergleich zu Zucker einen mehr als doppelt so hohen Energiewert! Der beste Energielieferant kann schon allein deshalb nur eine ausgewogene Mahlzeit sein, die Ballaststoffe, Eiweiße, gesunde Fette/Öle und Vitamine enthält – und so auch länger satt macht.

Traubenzucker macht fit.

Genau wie anderer Zucker auch steigert Traubenzucker die Konzentrationsfähigkeit und macht vorübergehend fit. Das ist auf die Ausschüttung großer Mengen an Insulin zurückzuführen, die nach dem Verzehr stattfindet. Der kurzfristig erhöhte Blutzuckerspiegel sinkt danach jedoch schnell wieder drastisch ab, und das bewirkt, dass wir uns rasch wieder schlapp fühlen. Darum gilt: zu starke Blutzuckerspiegelschwankungen vermeiden und Vollkornprodukte verzehren, die Kohlenhydrate liefern, die nur langsam zu Traubenzucker abgebaut werden.

dürfen lediglich nicht mehr als 0,5 Gramm pro 100 Gramm oder 100 Milliliter Haushaltszucker enthalten. »Ohne Zuckerzusatz« bedeutet hingegen, dass kein süßender Stoff zugesetzt wurde – das heißt aber selbstverständlich nicht, dass das Produkt keinerlei Zucker beinhaltet.

Warum Zucker uns krank machen kann

Die oben beschriebenen Vorgänge und der Umstand, dass Einfachzucker schnell resorbiert werden kann, sind erst einmal nicht problematisch. Problematisch ist jedoch, dass der Anteil von Einfachzucker in unserer Nahrung weitaus höher ist, als gut für uns wäre. Zwar ist das Ansteigen des Insulinspiegels nach dem Verzehr von Kohlenhydraten (also Zucker) normal und nicht bedenklich, ist der Insulinspiegel jedoch durch den ständigen Verzehr einfacher Kohlenhydrate permanent erhöht, kann sich daraus ein Problem entwickeln. Schließlich fördert ein chronisch erhöhter Insulinspiegel erwiesenermaßen Entzündungen und damit auch chronische Krankheiten.

Fruchtzucker ist gesund.

Obst enthält neben Traubenzucker (Glucose) den entsprechend benannten Fruchtzucker, die Fructose. Diese ist mittlerweile sogar als vermeintlich gesundes Süßungsmittel als Pulver erhältlich, liefert aber auch nicht weniger Kalorien als Haushaltszucker. Allerdings macht beim Verzehr von Obst das »Drumherum« den Unterschied. Konsumieren wir Fructose nicht isoliert als Pulver, sondern in Form von Apfel, Kirsche, Banane und Co., bringen diese wertvolle Vitamine, Mineral- und Ballaststoffe mit sich. Greifen wir jedoch zu Pulver-Fructose erzielen wir den gleichen Effekt wie bei der Verwendung von Haushaltszucker.

Mit zuckerfreien Lebensmitteln ohne Zucker leben?

Klingt logisch, entspricht aber leider nicht der Lebensmittelrealität. Neben Haushaltszucker gibt es noch weitere Zuckerarten wie Frucht-, Trauben- oder Milchzucker. Sogenannte zuckerfreie Lebensmittel

Außerdem gilt: Ist der Zucker ins Blut gelangt, wird er dahin transportiert, wo er zur Energiegewinnung gebraucht wird. Ist jedoch mehr Glucose vorhanden, als wir überhaupt verbrauchen können, wird diese in Form von Glykogen für »schlechte Zeiten« in der Leber eingelagert. Sind jedoch auch die Speicherkapazitäten der Leber einmal ausgereizt, wird ein Zuviel an Glucose in Form von Körperfett »aufbewahrt«.

Das Teuflische daran: Konsumieren wir Einfachzucker in Form von Süßigkeiten, Weißmehl oder Ähnlichem, steigt der Blutzuckerspiegel rasant an, Glucose wird zu Energie umgewandelt und der Glucose-Überschuss eingelagert. Nach dem Genuss von Einfachzucker sinkt der Blutzuckerspiegel jedoch rasch wieder ab und unser Körper signalisiert uns, dass neuer Zucker her muss, um den Organismus am Laufen zu halten. So macht Zucker schließlich Lust auf noch mehr Zucker und wir nehmen viel mehr Energie auf, als wir verbrauchen können – und das macht sich im Endeffekt in unerwünschten Speckröllchen bemerkbar.

Ein zu hoher Zuckerkonsum schadet allerdings nicht nur der Taille. Ist aufgrund des vermehrten Verzehrs von Zucker ständig zu viel Insulin im Blut vorhanden, kann das dazu führen, dass die Zellen nicht mehr richtig auf das Insulin reagieren. Folge davon kann eine sogenannte Insulinresistenz sein, bei welcher der Blutzuckerspiegel hoch bleibt, die Bauchspeicheldrüse aber immer mehr Insulin ausschüttet. Das kann schlimme Folgen wie Bluthochdruck, auffällige Blutfettwerte, Diabetes sowie ein erhöhtes Herzinfarkt- oder Schlaganfallrisiko haben. Außerdem gibt es Hinweise darauf, dass Insulin bei der Entstehung von Krebs mitwirkt bzw. das Wachstum von Krebszellen begünstigen könnte.

Mehr Nährstoffe, weniger Zucker

Schaut man sich einmal an, was der übermäßige Konsum von einfachen Kohlenhydraten anrichten kann, wird die Notwendigkeit, die Zufuhr einfacher Kohlenhydrate einzuschränken, klar. Aber wie soll das gehen? Braucht unser Körper Kohlenhydrate (in Form von aus Mehl hergestellten Lebensmitteln oder auch Haushaltszucker) nicht, um Energie zu gewinnen? Die einfache Antwort lautet hier: Nein! Kohlenhydrate sind austauschbar und nicht essenziell. Schließlich hatten auch unsere Vorfahren, die körperlich meist mehr leisten mussten als wir, gerade keine Nahrungsmittel aus verarbeitetem Weizen, Süßigkeiten oder Ähnliches zur Verfügung. Stattdessen musste Energie aus Früchten, Wurzeln und anderen natürlichen Lebensmitteln gewonnen werden.

Heute hingegen sind wir dazu übergegangen, stark verarbeitete Lebensmittel

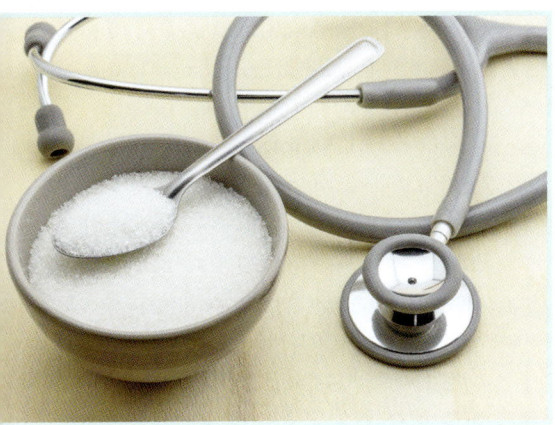

aus Getreide oder anderen Rohstoffen, denen es an Natürlichkeit und damit auch an Nährstoffen fehlt, zu bevorzugen. Im Gegensatz zu unseren Vorfahren konzentriert sich unsere Kohlenhydratzufuhr auf einfache, nährstoffarme Kohlenhydrate. So verwenden wir beispielsweise weißes Mehl, bei dessen Herstellung die ballaststoffreiche Hülle sowie der vitamin- und mineralienreiche Keim des Getreides entfernt und einfach weggeworfen werden. Statt der komplexen Kohlenhydrate aus Vollkornmehl bevorzugen wir die einfachen Kohlenhydrate des nährstoffarmen Auszugsmehls.

Dementsprechend überrepräsentiert sind einfache Kohlenhydrate in unserer Ernährung – und das wiederum hat die oben genannten Gesundheitsrisiken zur Folge, lässt unseren Insulinspiegel rasant steigen und fallen, führt zu immer mehr Verlangen nach einfachen Kohlenhydraten und macht uns zu allem Überfluss auch noch dick.

Was tun, um diesen Kreislauf zu durchbrechen?

Haben wir Heißhunger auf Süßes, möchte unser Körper uns oft signalisieren, dass er wichtige Vitalstoffe benötigt. Führen wir ihm nun etwas Nährstoffarmes zu, wird das unseren Hunger nicht stillen können. Schließlich fehlt es noch immer an Vitalstoffen. Greifen wir jedoch zu etwas Obst oder Vollkornprodukten, befriedigen wir unsere Gelüste gleich viel nährstoffreicher und bleiben durch den langsameren Anstieg des Insulinspiegels auch noch länger satt!

Oder besser noch: Auch nährstoffreiche Snacks oder eine Mahlzeit ganz ohne bzw. mit wenigen Kohlenhydraten können unseren Nährstoffhunger stillen. Schließlich sind Kohlenhydrate für unseren Körper nicht essenziell – das bedeutet, sie sind zur Energiegewinnung nicht unbedingt erforderlich und können beispielsweise im Rahmen einer Low-Carb-Ernährung problemlos durch Proteine und Fette ersetzt werden.

Zucker erkennen und ersetzen

Nicht nur Lebensmittel, die süß schmecken, enthalten viel Zucker. Denn oft versteckt sich Zucker auch da, wo wir ihn am wenigsten vermuten. Kein Wunder also, dass Typ-2-Diabetes längst zu einer Massenerkrankung geworden ist und nicht mehr wie früher als »Alterskrankheit« gilt. Schließlich werden wir bereits seit frühester Kindheit mit großen Mengen an Zucker selbst in vermeintlich gesunden Lebensmitteln konfrontiert. Um den Zuckerkreislauf zu durchbrechen, ist es darum besonders wichtig, Zucker in Fertigsaucen, Frühstücksflocken und vielen anderen Lebensmitteln überhaupt wahrzunehmen. Hierbei hilft ein Blick auf die Nährwertangaben und die Inhaltsstoffliste eines Lebensmittels.

Interessant ist dabei auch, wie viele Kohlenhydrate das Lebensmittel pro 100 Gramm enthält. Kohlenhydrate sind schließlich nichts anderes als Zucker.

Und woher kommen diese Kohlenhydrate? Welche Inhaltsstoffe birgt das Lebensmittel? Zu beachten ist hierbei: Zucker kann sich hinter vielen Begriffen und Namen verstecken! Neben Zutaten, die »Zucker« bereits in ihrem Namen haben, verwenden Lebensmittelhersteller auch andere Zuckerformen oder süßende Zutaten, die mit ihrer kompliziert klingenden Bezeichnung nur schwer als Zucker zu enttarnen sind.

Zu Zuckern und zuckerreichen Süßungszutaten gehören zum Beispiel

- Saccharose
- Dextrose
- Glucose
- Raffinose
- Fructosesirup
- Glucosesirup
- Glucose-Fructose-Sirup
- Stärkesirup
- Lactose
- Karamellsirup
- Maltose oder Malzextrakt
- Maltodextrin
- Dextrin
- Weizendextrin
- Süßmolkenpulver
- Gerstenmalz
- Gerstenmalzextrakt

Außerdem kann Zucker in Form von Honig, Traubenzucker und Dicksäften (Agavendicksaft), Fruchtkonzentraten, -pürees oder getrockneten Früchten in Lebensmittel gelangen.

Eine Orientierung darüber, welche Mengen an Zucker im Lebensmittel enthalten sind, gibt die Platzierung der oben genannten Begriffe in der Zutatenliste des Nahrungsmittels. Stehen Begriffe weit oben, steckt besonders viel davon im Lebensmittel. Außerdem werden oft mehrere süßende Zutaten in einem fertigen Produkt kombiniert.

Zuckerfrei ganz ohne Verzicht?

Wie bereits gesagt macht eine zu kohlenhydratreiche Ernährung nicht nur dick, sondern begünstigt zudem zahlreiche Erkrankungen. Doch müssen wir bei der Zusammenstellung des täglichen Speiseplans nun komplett auf jegliche Form von Kohlenhydraten verzichten, um gesund und schlank zu bleiben?
Nein, natürlich nicht! Die komplexen Kohlenhydrate natürlicher Lebensmittel oder auch aus Obst und Gemüse wirken sich nämlich weit weniger negativ auf unseren Insulinspiegel aus. Auf Süßigkeiten, Schokolade und Kuchen hingegen könnte unser Körper problemlos komplett verzichten. Diese Lebensmittel sind absolut nicht notwendig – schmecken uns aber einfach besonders gut. Glücklicherweise müssen wir auch sie nicht ganz meiden, sofern wir Zucker und andere Back- und Süßspeisenzutaten gegen kohlenhydrat- bzw. zuckerfreie Alternativen austauschen. Zuckeraustauschstoffe und gesunde Mehlalternativen sorgen dafür, dass es Süßspeisen, Desserts und Co. nicht an ihrem gewohnt süßen Geschmack fehlt, wir sie aber kohlenhydratarm genießen können.

Um herkömmlichen Zucker zu ersetzen, haben sich diese Zuckeraustauschstoffe bzw. Süßungsmittel besonders bewährt:
- Trockenfrüchte (dosiert eingesetzt)
- Obst und süßes Gemüse
- Erythrit
- Xylit

Das hängt damit zusammen, dass diese entweder geschmacklich herkömmlichem Zucker besonders ähnlich (Erythrit, Xylit) oder natürlich süß sind (Trockenfrüchte, Obst, süßes Gemüse) und zusätzlich gesunde Ballaststoffe enthalten.
Um herkömmliches Mehl in Süßspeisen zu ersetzen, bieten sich insbesondere Kokos- oder Mandelmehl, aber auch andere Nussmehle, (gemahlene) Haferflocken oder Vollkornmehl an. Obwohl Haferflocken und Vollkornmehl genau wie auch Quinoa, welches ebenfalls bei unseren Rezepten zum Einsatz kommt, recht

viele Kohlenhydrate aufweisen, haben diese Lebensmittel herkömmlichem Weißmehl dennoch einiges voraus.

Schließlich enthalten Vollkornmehl, Haferflocken oder Quinoa im Gegensatz zu Weißmehl komplexe Kohlenhydrate (Vielfachzucker), die den Blutzuckerspiegel nur langsam ansteigen lassen, sättigender und außerdem nährstoffreicher sind. Dementsprechend wirken sich diese komplexen Kohlenhydrate auch viel weniger nachteilig auf unseren Organismus aus und schon eine kleinere Menge der aus ihnen zubereiteten Speisen hält uns lange satt, sodass wir im Endeffekt mit einer geringeren Kohlenhydratmenge auskommen. Nussmehle beinhalten fast gar keine Kohlenhydrate, sollten aufgrund ihres recht hohen Kaloriengehalts aber ebenfalls nicht im Übermaß genossen werden.

Was gibt es bei den Zuckeralternativen zu beachten?

Trockenfrüchte

Trockenfrüchte sind ideal, um Süßspeisen, Müsli, Shakes und vielem mehr eine leckere süß-fruchtige Note zu verleihen. Auch zum Backen eignen sie sich und liefern gleichzeitig noch eine Portion an Vitaminen und wichtigen Ballaststoffen. Allerdings sollten wir dabei nicht vergessen, dass auch Obst Zucker (Glucose und Fructose) beinhaltet. Fructose ist jedoch keineswegs gesünder als »normaler« Zucker, enthält genauso viele Kalorien und lässt den Blutzuckerspiegel rasch ansteigen. Da Trockenobst jedoch zusätzlich wichtige Vitamine und Nährstoffe mitbringt, gleicht das die Zuckernachteile etwas aus, sodass es in kleinen Mengen bedenkenlos zum Süßen verwendet werden kann.

Obst und Gemüse

Weniger konzentrierter Zucker als in Trockenobst, aber ein ebenso fruchtig-leckerer Geschmack steckt in frischem Obst und süßem Gemüse. Obwohl auch hier Kohlenhydrate enthalten sind und süßes Obst und Gemüse darum nicht im Übermaß gegessen werden sollten, gleichen der Vitamin- und Mineralstoffreichtum sowie das länger anhaltende Sättigungsgefühl die Zuckernachteile etwas aus. Besonders gut als fruchtige Süßungsmittel geeignet sind Bananen, Äpfel, Karotten oder süßer Kürbis, die Backwaren und vieles mehr süß und fruchtig verfeinern. Besonders interessant am Süßen mit Früchten: Hat man sich einmal von dem extrem süßen Geschmack herkömmlichen Haushaltszuckers »entwöhnt«, kann man die natürliche Süße in Obst und Gemüse gleich viel intensiver schmecken, sodass bald schon eine kleine Menge ausreicht, um das Verlangen nach Süßem zu stillen.

Xylit

Xylit, auch Birkenzucker genannt, kommt natürlicherweise in Gemüse, Obst und in Birkenrinde als Zuckeralkohol vor und fördert die Zahngesundheit. Genau wie Haushaltszucker ist Xylit als süßes, weißes Pulver erhältlich, hat einen dezent-natürlichen Geschmack und kommt in seiner Süßkraft normalem Zucker besonders nahe. Obwohl Xylit zu 100 Prozent aus Kohlenhydraten besteht, können diese kaum verstoffwechselt werden und entsprechend auch kein Auf und Ab des Blutzuckerspiegels auslösen. Zu beachten ist jedoch, dass das süße Pulver nur in Maßen genossen werden sollte, da zu große Mengen leicht abführend wirken können.

Erythrit

Erythrit ist ein Zuckeralkohol, der natürlicherweise in Käse oder in Trauben enthalten ist. Obwohl dieser Zuckeraustauschstoff ebenfalls aus Kohlenhydraten besteht, hat er einen glykämischen Index von 0 und dementsprechend keine negativen Auswirkungen auf den Blutzuckerspiegel. Genau wie Xylit erinnert Erythrit geschmacklich sehr an herkömmlichen Zucker, hat aber eine etwas geringere Süßkraft als Xylit. Auch Erythrit kann bei übermäßigem Konsum abführend wirken, die Zuckeralternative wird jedoch durch ihre gute Verträglichkeit gerade von empfindlichen Menschen gern eingesetzt.

Praxis-Tipps für den Weg in ein zuckerfreies oder zuckerarmes Leben

Eine Studie der Princeton University zeigt, dass regelmäßiger Zuckerkonsum ähnliche Veränderungen im Gehirn auslösen kann wie eine Kokain- oder Morphinabhängigkeit. Denn es kann, wie viele von uns wohl bestätigen können, auch bei Zucker zu einem Verlust der Selbstkontrolle und sogar zur Abhängigkeit kommen.
Viele kennen das Gefühl, sich trotz aller guten Vorsätze einfach nicht an einen Diätplan halten zu können und letztlich doch den Süßigkeitenschrank zu plündern – einfach, weil es jetzt etwas Süßes sein muss. Zusätzlich wird uns der Verzicht auf Zucker auch nicht wirklich leichtgemacht – schließlich finden wir ihn nicht nur in Süßigkeiten wie Schokolade, Kuchen und Keksen, sondern auch in Fruchtjoghurts, Fertigmüsli, vermeintlich gesunden Drinks, Ketchup, Fertigsaucen und in vielen anderen Gerichten.

Doch wie kann man den Zuckerkonsum dauerhaft einschränken und »Zuckerhunger« vorbeugen?
Ganz einfach:
- Umdenken schon beim Einkaufen.
- Gegen den physischen Zuckerhunger hilft eine ausgewogene, gesunde Ernährung zum Beispiel mit den zuckerfreien und nährstoffreichen Rezepten aus diesem Buch
- Um psychischem Zuckerhunger vorzubeugen, sind mehr Achtsamkeit, positive Ablenkung und nachfolgende SOS-Tipps probate Mittel.

Was ist physischer und psychischer Zuckerhunger?

Der physische Zuckerhunger entsteht durch Vorgänge im Körper, die wir bereits kennengelernt haben. Hierzu gehören das Auf und Ab des Blutzuckerspiegels oder auch ein Energiemangel, wenn wir länger nichts gegessen haben. Der psychische Zuckerhunger hingegen überfällt uns auch dann, wenn wir eigentlich gerade ausreichend gegessen bzw. Energie aufgenommen haben.

Der physische Zuckerhunger

Ein Vitamin- und Mineralstoffmangel (z. B. Magnesium, Chrom, Selen) kann Heißhungerattacken auf Süßes auslösen. Unsere moderne Ernährung, die von industriell stark verarbeiteten Lebensmitteln wie Weißmehl, Fertigkost, Industriezucker und Co. dominiert wird, kann diesen Mangel zur Folge haben.

Tipps gegen physischen Zuckerhunger

Gesunde, ausgewogene Ernährung
Eine Ernährung, bei der kohlenhydratreduzierte Kost bzw. Mahlzeiten mit komplexen Kohlenhydraten aus ballaststoffreichen Lebensmitteln wie Gemüse oder Vollkornprodukten im Mittelpunkt stehen, hilft dabei, den Blutzuckerspiegel auf gleichbleibendem Niveau zu halten und seltener in die Hungerfalle zu tappen.
Extratipp: »Glücks-Lebensmittel«, die ähnlich wie Schokolade den Serotoninspiegel erhöhen, sind zum Beispiel Walnüsse, Bananen, Fisch, Putenfleisch und Avocados.

Protein
Auch ein Proteinmangel kann zu Zuckerhunger führen! Bei einer sehr proteinarmen Ernährung können Sprossen, Nüsse, Ölsaaten, Eier, Fisch, Fleisch und Milchprodukte helfen. Für Veganer gut geeignet: Seitan, Sojaprodukte und Hülsenfrüchte.

Gewürze
Zimt, Nelken, Kardamom, Muskat und Koriander verringern durch ihren süßlichen Geschmack das Verlangen nach zuckerhaltigen Lebensmitteln und können daher gezielt zum Vermeiden des Zuckerhungers eingesetzt werden.

Durch scharf gewürzte, salzige Speisen kann die Lust auf etwas Süßes hingegen verstärkt werden. Eine Mundspülung mit Xylit (siehe S. 21) oder gesunde Snacks nach dem Essen können hier Abhilfe schaffen.

Vorsicht vor Geschmacksverstärkern und verstecktem Zucker

Hauptmahlzeiten sollten ausgewogen sättigen und den Appetit auf Zucker nicht noch verstärken. In Gerichten enthaltenes Glutamat, Hefe als Geschmacksverstärker, Fertigwürze und künstliche Süßstoffe können jedoch Auslöser für die Zuckerlust sein.

Zusätzlich finden sich in besonders vielen fettreduzierten Light-Produkten versteckte Zuckerarten. Hier also besser zur fettreicheren, aber zuckerfreien Variante greifen. Fett liefert außerdem Energie und hält länger satt.

Gesunder Süßigkeiten-Ersatz

Gesunde Lebensmittel können durchaus eine echte Süßigkeiten-Alternative sein. Besonders gut geeignet sind süßlich schmeckendes **Gemüse** wie Karotten, Tomaten oder Paprika. Und auch bei einer Scheibe Vollkornbrot offenbart sich, wenn man sie länger kaut, eine natürliche Süße.

Da sich unser Körper über viele Jahre oder sogar Jahrzehnte an die konzentrierte Süße von Industriezucker gewöhnt hat, kann es etwas dauern, bis es mit dem Umstieg auf natürliche Süße klappt. Mit der Zeit erscheint diese jedoch viel angenehmer als die geballte Süße von Bonbons, Schokolade und Ähnlichem.

Neben Gemüse und Vollkornprodukten ist auch **Obst** ein wertvoller Süßigkeiten-Ersatz. Zwar ist wie bereits erwähnt Fruchtzucker enthalten, Apfel, Birne, Traube und Co. liefern aber zudem wichtige Vitamine sowie Mineral- und Ballaststoffe.

Mandeln und Nüsse haben ebenfalls viele gesundheitliche Vorteile und lassen sich prima snacken. Dabei senken gesunde, ungesättigte Fettsäuren auch noch den Cholesterinspiegel und haben einen günstigen Einfluss auf den Blutdruck. Aufgrund des Fett- und Kaloriengehalts sollte man jedoch auch hier auf die Menge achten.

Trinken hilft nicht nur beim Abnehmen, sondern auch gegen Zuckerhunger. Zuckerhaltige Softdrinks, Tees und Säfte sollten jedoch gemieden werden. Wasser mit einem Spritzer Zitrone, grüner Tee oder Ingwertee können problemlos mit Xylit oder Erythrit gesüßt werden und helfen dabei, die Lust nach Süßem zu besiegen.

Bitterstoffe fördern den gesamten Verdauungsprozess, verringern die Esslust, senken Cholesterinwerte und können den Süßhunger reduzieren. Früher wurden Bitterstoffe in Form von Salaten, Gemüse, Wurzeln und Kräutern aufgenommen. Heute dominiert jedoch zuchtbedingt bit-

terstoffarmes oder -freies Gemüse. Nach wie vor vorhanden sind Bitterstoffe in Wildkräutern, Löwenzahn, Schafgarbe, Artischockenblättern, Chicorée, Radicchio, Rucola, Endivien, Rosenkohl, Brokkoli, Basilikum, Grapefruit, Artischocken, Ingwer oder Eisbergsalat. Außerdem können sie in Form von Kräuterbittertropfen konsumiert werden.

Der psychische Zuckerhunger

Neben dem körperlich bedingten gibt es auch den psychischen Hunger auf Süßes. So essen wir gern ein Stück Schokolade, wenn wir Ärger und Stress besiegen oder uns einfach nur wohlfühlen wollen. Auch Langeweile ist oft ein Grund, um zu süßen Speisen oder anderen einfachen Kohlenhydraten zu greifen. Um diesen psychischen Zuckerhunger in den Griff zu bekommen, sind Motivation und Durchhaltevermögen gefragt. Ein paar einfache Tipps machen es leichter, hier stark zu bleiben.

Tipps gegen psychischen Zuckerhunger

»Stay positive«, lautet die Devise! Schließlich beeinflusst auch unser emotionaler Zustand Stoffwechsel und Energiehaushalt. Ein niedriger Serotoninspiegel durch Stress und Ärger steigert das Verlangen nach raffinierten Kohlenhydraten und lässt Zuckerlust aufkommen – eine positivere Einstellung hilft hier oft schon weiter.

Auch Sport kann Stress und damit den Cortisolgehalt im Gehirn reduzieren. So nimmt das Verlangen nach einem tröstenden Schokoriegel ab und das Körpergefühl verbessert sich gleichzeitig ganz automatisch. Zusätzlich können ausreichender Schlaf, Entspannungs- und Atemübungen oder ein Spaziergang sinnvoll sein, um Stress abzubauen.

Ein Ernährungstagebuch kann ein gutes Mittel sein, um den Zuckerkonsum im Griff zu behalten und Gewohnheiten zu verbessern. Wer aufschreibt, was er wann gegessen und getrunken hat, macht sich

seine eigenen Ernährungsgewohnheiten viel bewusster. Denn oftmals erinnern wir uns einfach nicht mehr daran, welche Zuckerbomben wir wann verzehrt haben. Mit einem Ernährungstagebuch ist es leicht, den Überblick zu behalten und Ernährungsgewohnheiten beispielsweise durch regelmäßigere Mahlzeiten zu verbessern.

Mithilfe des Ernährungstagebuchs können außerdem schnell dick machende Naschgewohnheiten enttarnt und dann überwunden werden. Gibt es nachmittags zum Kaffee beispielsweise immer ein süßes Teilchen oder ein Stück Kuchen, kann das zukünftig durch einen zuckerfreien Keks oder ein paar Mandeln ersetzt werden.

Wer nach jedem Essen etwas Süßes braucht, verwendet einfach eine Xylit-Mundspülung, die gleichzeitig für gesunde Zähne sorgt. Und für alle, die abends vor dem Fernseher gern die Schätze aus dem Süßigkeitenfach plündern, ist ein gesunder Fruchtsnack eine gute Alternative, die man stattdessen genießen kann.

Oft sind die einfachsten Methoden besonders effektiv: Wer ständig mit Zuckerhunger kämpft, sollte sich selbst nicht in Versuchung bringen! Schließlich ist unsere Willenskraft begrenzt und es hilft, wenn Süßigkeiten einfach nicht greifbar sind. Stattdessen können gesündere, zuckerfreie Alternativen (siehe Rezeptteil ab S. 71) vorbereitet werden und anstelle der gewohnten Leckereien genascht werden.

SOS-Tipps bei akutem Zuckerhunger

- 1 bis 2 Gläser Wasser, Ingwertee oder grünen Tee trinken
- Zähne putzen
- zuckerfreien Kaugummi kauen

- Xylit-Spülung: Der Zuckeraustauschstoff Xylit fördert die Mund- und Zahngesundheit und hilft dabei, den Heißhunger auf Süßes zu bekämpfen. Sobald sich die Lust auf Zucker bemerkbar macht, eine Xylit-Mundspülung durchführen. Hierzu einfach ½ TL Xylit in den Mund nehmen und nicht hinunterschlucken. Etwa 2 Min. im Mund behalten und danach ausspucken. Den Mund danach nicht mit Wasser ausspülen! So kann sich die Wirkung optimal entfalten.
- Auch Sonnenlicht wirkt sich positiv auf den Serotoninspiegel aus. Nach einem Spaziergang bei Sonnenschein müssen Glücksgefühle nicht mit Schokolade oder Ähnlichem erzwungen werden.

- Anti-Süßigkeiten-Akupressur: ca. 15 bis 20 Sekunden mit dem Zeigefinger auf den Punkt zwischen Nase und Oberlippe drücken. Dieser Akupressurpunkt wirkt auf das Appetitzentrum und bremst den Heißhunger.
- Schlank riechen! Duftöle können dabei helfen, die Lust auf Süßes zu dämpfen. Pfefferminzöl beispielsweise bremst den Heißhunger auf Süßes und Fettes. Einfach einige Tropfen Pfefferminzöl auf ein Taschentuch träufeln und nach Bedarf daran riechen. Eine ähnliche Wirkung hat auch Vanilleöl, durch das größere Mengen an Serotonin im Gehirn ausgeschüttet werden.

Zugegeben, auf ein komplett zuckerfreies Leben umzusteigen, ist gar nicht so einfach. Doch mit den Tipps gegen Zuckerhunger sowie etwas Fantasie und Engagement beim Einkaufen und Kochen können Zucker und Weißmehlprodukte auf dem Speiseplan stark reduziert werden. In den folgenden Rezepten finden Sie leckere Ideen für nährstoffreiche Kost, die den Heißhunger auf Zucker erst gar nicht aufkommen lassen. Zum Süßen verwenden wir Früchte oder die Zuckeralternativen Xylit und Erythrit. Der Vorteil von selbst zubereiteten Speisen ist, dass Sie ganz genau wissen, was darin enthalten ist, und somit versteckte Süßungsmittel, Geschmacksverstärker und unerwünschte Zusätze vermieden werden können.
Ich wünsche Ihnen viel Erfolg auf Ihrem Weg in ein zuckerfreies Leben!

Zum Umgang mit diesem Buch

Bei jedem Rezept finden Sie Nährwertangaben:
- kcal steht für Kilokalorien,
- KH für Kohlenhydrate,
- F für Fett,
- P für Protein.

Frühstück

Pancakes

Für 2 Portionen
Pro Portion: 354 kcal • 21,2 g KH • 14,9 g F • 30,3 g P
vegetarisch, glutenfrei

---

3 Eier
1 Banane
100 g Magerquark
50 g gemahlene Mandeln oder Mandelmehl
2 TL Backpulver (10 g)
1 EL Öl oder Butter zum Ausbacken der Pancakes

---

1. Die Eier trennen. Eigelbe beiseitestellen und die Eiweiße steif schlagen.
2. Die Banane schälen, zerdrücken und zu den Eigelben geben.
3. Magerquark, Mandeln und Backpulver ebenfalls hinzufügen und alles vermengen.
4. Als Letztes das Eiweiß vorsichtig unterheben.
5. In einer Pfanne etwas Öl oder Butter erhitzen und bei mittlerer Hitze aus dem Teig Pancakes backen.

Ohne Zuckerzusatz

Mit Süße aus Früchten

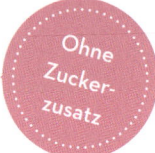

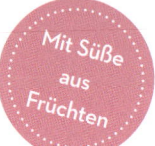

Overnight Oats

Für 2 Portionen
Pro Portion: 382 kcal • 47,9 g KH • 13,8 g F • 12,3 g P
vegetarisch

150 g fettarme Milch, 1,5 % Fett
200 g griechischer Joghurt, Natur, bis 0,2 % Fett
1 Msp. Vanillepulver
70 g Haferflocken
100 g Heidelbeeren
1 Banane

1. Milch, Joghurt und Vanillepulver in einer Schüssel vermischen.
2. Haferflocken unterrühren.
3. In zwei Gläser füllen und über Nacht in den Kühlschrank stellen.
4. Am nächsten Tag Heidelbeeren waschen und abtropfen lassen.
5. Banane schälen und in Scheiben schneiden.
6. Overnight Oats mit Heidelbeeren und Bananenscheiben belegen und sofort verzehren bzw. als Frühstück oder Nachmittagssnack mitnehmen.

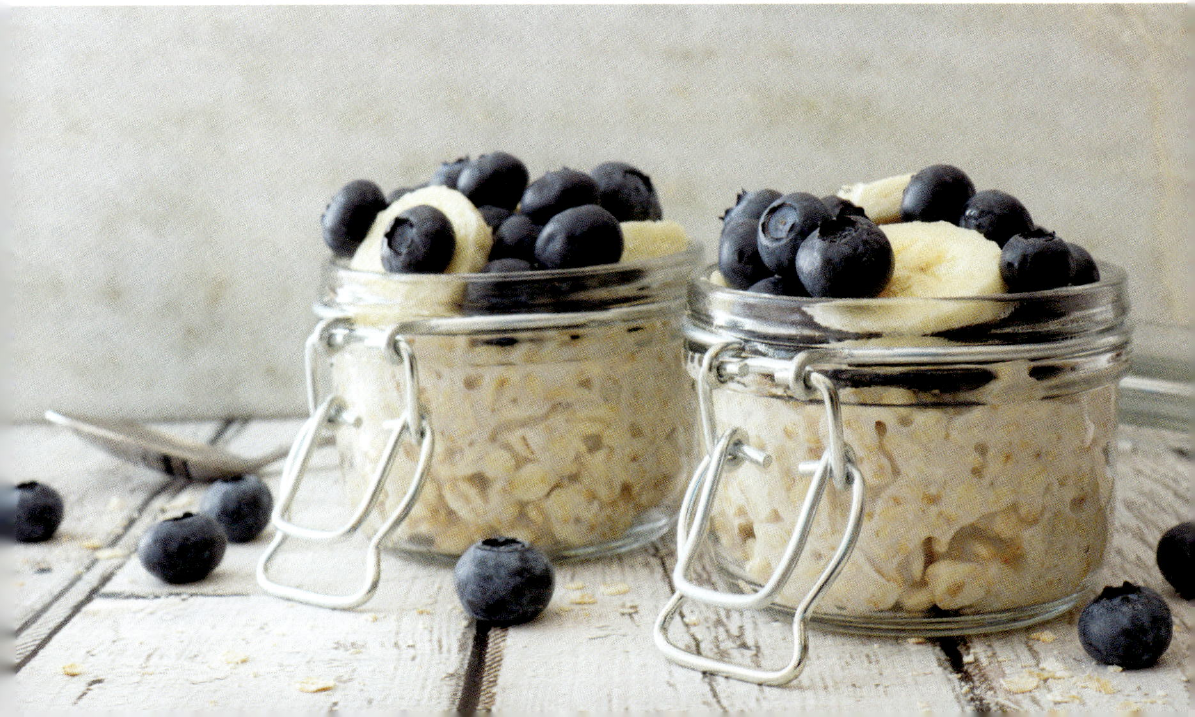

Frühstück

Bananenbrot

Für eine kleine Backform (ca. 20 x 10 cm)/1 Brot/ca. 15 Scheiben
Pro Scheibe: 158 kcal • 6,26 g KH • 11,52 g F • 5,96 g P
vegetarisch, glutenfrei

4 reife Bananen
3 Eier
1 TL Vanillepulver
2 EL Kokosöl
250 g gemahlene Mandeln
1 TL Backpulver
1 Prise Salz

1. Den Backofen auf 180 °C Ober-/Unterhitze vorheizen.
2. Die Bananen schälen, mit einer Gabel auf einem flachen Teller zerdrücken und mit den Eiern, dem Vanillepulver sowie 1 ½ EL Kokosöl in einer Schüssel gut vermischen.
3. Anschließend die gemahlenen Mandeln, Backpulver und Salz unterrühren und alles zu einer homogenen Masse vermengen.
4. Eine Kastenform mit dem restlichen Kokosöl einfetten.
5. Den Teig in die Backform füllen und im Ofen backen. Für die angegebene Backform sind es 45–50 Min.
6. Nach der Backzeit Form aus dem Ofen nehmen. Brot abkühlen lassen und aus der Backform lösen.

Essen ohne Zucker

Kaffee-Oatmeal

Für 1 Portion
Pro Portion: 478 kcal • 78,9 g KH • 7,9 g F • 16,1 g P
vegetarisch, glutenfrei

200 ml Milch
1 Espresso (ca. 65 ml)
50 g feine Haferflocken
1 reife Banane
2 Msp. Vanillepulver
2 Msp. Zimt
für das Topping Obst nach Wahl,
   z. B. 100 g Heidelbeeren
1 Msp. Kakaopulver

1. Die Milch in einem Topf aufkochen.
2. Den Espresso zubereiten und mit den Haferflocken zur Milch geben.
3. Alles bei schwacher Hitze 5 Min. köcheln lassen. Dabei gelegentlich umrühren.
4. Die Banane schälen, stampfen und unterrühren.
5. Masse mit Vanillepulver und Zimt abschmecken. Anschließend den Haferbrei von der Herdplatte nehmen und weitere 5 Min. quellen lassen.
6. Nun in eine Schüssel füllen und mit beliebigen Toppings garnieren.

Frühstück

Superfood-Müsli-Bowl

Für 1 Portion
Pro Portion: 474 kcal • 17,5 g KH • 28,4 g F • 30 g P
vegetarisch, glutenfrei

30 g Sojaflocken
1 EL Mandelmus
1 EL Chia-Samen
1 EL Hanfsamen
200 ml Milch bzw. Milchalternativen
   wie Soja- oder Mandelmilch
ca. 50 g Himbeeren

1. Einfach alle Zutaten zusammen verrühren und ca. 10 Min. stehen lassen.

Essen ohne Zucker

Chia-Erdbeer-Pudding

Für 1 Portion
Pro Portion: 222 kcal • 11,1 g KH • 12,2 g F • 7,2 g P
vegan, glutenfrei

---

200 ml Mandelmilch oder Milch
3 EL Chia-Samen (ca. 30 g)
1 Msp. Vanille
150 g Erdbeeren

---

1. Mandelmilch, Chia-Samen und Vanille in ein Glas geben, gut verrühren und mindestens 3 Std. oder über Nacht im Kühlschrank quellen lassen.
2. Vor dem Servieren Erdbeeren putzen, ein paar Beeren für die Dekoration zurücklegen, den Rest pürieren.
3. Chia-Pudding aus dem Kühlschrank nehmen, noch einmal gut durchrühren, Beerenstücke nach Belieben hinzufügen und das Erdbeerpüree auf der Oberfläche verteilen.

Tipp:
Mit gehackten Nüssen garnieren.

Frühstück

Essen ohne Zucker

Granola

Für ca. 150 g Granola
Pro 15 g (1 EL): 83 kcal • 0,8 g KH • 7,9 g F • 1,9 g P
vegan, glutenfrei

30 g Mandeln
30 g Haselnüsse
20 g Walnüsse
30 g blanchierte Mandelplättchen
30 g Sonnenblumenkerne
15 g Kokosöl (oder Butter)
20 g Erythrit

1. Mandeln, Haselnüsse und Walnüsse grob hacken.
2. Alle Nüsse und Kerne in eine Pfanne ohne Fett geben und vorsichtig unter ständigem Umrühren anrösten. In eine Schüssel umfüllen.
3. Kokosöl oder Butter in der Pfanne erhitzen und schmelzen lassen. Bei mittlerer Hitze Erythrit hinzufügen und gut verrühren.
4. Die angerösteten Nüsse und Kerne hinzufügen und weiterhin gut umrühren, bis eine klebrige Masse entstanden ist. Das dauert nur ca. 3–5 Min. Achtung, dass nichts anbrennt, evtl. die Hitze noch etwas reduzieren.
5. Eine feste Unterlage wie z. B. ein Backblech, ein großes Brett oder die Arbeitsfläche in der Küche mit einem Stück Backpapier auslegen und die Masse zum Auskühlen darauf verteilen.
6. Sobald sie vollständig ausgekühlt ist, ist die Konsistenz auch richtig »crunchy« und man kann das Müsli in ein gut verschließbares Vorratsglas einfüllen.

Tipp:

Lässt sich mit vielen Zutaten ganz schnell und leicht variieren. Auf ca. 150 g Nüsse und Kerne nach Wahl, Kokoschips, evtl. auch noch Trockenfrüchte wie klein gehackte Cranberrys kommen 15 g Kokosöl oder Butter und 20 g Erythrit oder Xylit.

Frühstück

Essen ohne Zucker

Kunterbunte Smoothie-Bowl

Für 2 Portionen
Pro Portion: 393 kcal • 50,3 g KH • 8,4 g F • 23,8 g P
vegetarisch

200 g Beeren nach Wahl (z. B. Beerenmischung, Himbeeren, Heidelbeeren)
1 Apfel
1 Banane
1 EL Zitronensaft
300 g Skyr, Natur (alternativ Magerquark)
30 g Haferflocken (oder Müsli)
1 EL Chia-Samen
1 EL Saaten und Kerne nach Wahl
(z. B. gehobelte Mandeln, Leinsamen, Kürbiskerne, Sonnenblumenkerne)

1. Beeren waschen und abtropfen lassen.
2. Apfel waschen, abtrocknen, vierteln und in Scheiben schneiden.
3. Banane schälen und in Scheiben schneiden.
4. Von den Beeren ca. 50 g und ca. 1/3 der Banane und des Apfels für das Topping zurücklegen. Das restliche Obst zusammen mit Zitronensaft in eine Schüssel geben und pürieren.
5. Skyr hinzufügen und einrühren.
6. In Schälchen füllen und mit dem restlichen Obst, Müsli, Chia-Samen und Saatenmix dekorieren.

Tipp:
Mit Nüssen und Saaten nach Wahl bestreuen.

Suppen

Tomaten-Mozzarella-Suppe

Für 2 Portionen
Pro Portion: 247 kcal • 7,5 g KH • 16,6 g F • 14,5 g P
glutenfrei

1 Zwiebel
1 EL Öl, z. B. Olivenöl
1 Dose geschälte Tomaten (ca. 400 g)
500 ml Gemüse- oder Rinderbrühe (bzw. 500 ml Wasser und entsprechend Gemüsebrühepulver)
1 TL Tomatenmark
1 TL getrocknetes Basilikum (bzw. 1 EL frisches Basilikum, gehackt)
1 Kugel Mozzarella (ca. 125 g)
Salz
Pfeffer

1. Zwiebel abziehen und in kleine Würfel schneiden.
2. Olivenöl in einen Topf geben und Zwiebelwürfel darin kurz anbraten.
3. Geschälte Tomaten, Brühe, Tomatenmark und Basilikum hinzufügen und auf mittlerer Stufe ca. 10 Min. köcheln lassen.
4. Währenddessen den Mozzarella abtropfen lassen und in kleine Würfel schneiden.
5. Nach 10 Min. Kochzeit die Suppe vom Herd nehmen und pürieren, mit Salz und Pfeffer abschmecken.
6. Die Mozzarellawürfel vor dem Servieren auf die noch heiße Suppe geben.

Tipp:
Mit frischem Basilikum servieren.

Minestrone mit weißen Bohnen

Für 2 Portionen
Pro Portion: 302 kcal • 32,9 g KH • 17 g P • 10,6 g F
vegetarisch, glutenfrei

1 Zwiebel
2 Knoblauchzehen
2 Stangen Staudensellerie
2 Karotten
200 g Grünkohl oder Wirsing
2 Zweige Salbei
1 EL Olivenöl
1 Dose stückige Tomaten
1 l Gemüsebrühe
250 g gekochte weiße Riesenbohnen (Dose)
½ Bund Petersilie
Salz
Pfeffer
1 EL geriebener Parmesan

1. Zwiebel und Knoblauch abziehen und fein hacken.
2. Staudensellerie waschen und in Scheiben schneiden.
3. Karotten waschen, der Länge nach halbieren und dann in Stücke schneiden.
4. Grünkohl oder Wirsing waschen und in kleine Stücke schneiden.
5. Salbei waschen, trocken schütteln und klein hacken.
6. Olivenöl in einem großen Kochtopf erhitzen.
7. Zwiebel- und Knoblauchwürfel, Staudensellerie und Karotten hinzugeben und alles unter häufigem Rühren bei mittlerer Hitze etwa 5 Min. lang anbraten.
8. Tomaten, Gemüsebrühe, Riesenbohnen, Grünkohl und Salbei ebenfalls in den Kochtopf geben und alles etwa 15 Min. lang bei mittlerer Hitze köcheln lassen, bis das Gemüse gar ist.
9. Petersilie waschen, trocken schütteln und hacken.
10. Die fertige Minestrone mit Salz und Pfeffer abschmecken, auf Schüsseln verteilen und mit geriebenem Parmesan und Petersilie bestreut servieren.

Suppen

Cremige Brokkoli-Sellerie-Suppe mit Feta

Für 2 Portionen
Pro Portion: 327 kcal • 8,6 g KH • 19,2 g P • 23,9 g F
vegetarisch, glutenfrei

2 Schalotten
1 Knoblauchzehe
300 g Brokkoli
1 Stange Staudensellerie
1 EL Kokosöl
500 ml Gemüsebrühe
100 g Feta
100 g griechischer Joghurt
Salz
Pfeffer

1. Schalotten und Knoblauch abziehen und klein hacken.
2. Brokkoli und Staudensellerie abwaschen und in kleine Stücke schneiden.
3. In einem großen Kochtopf das Kokosöl erhitzen.
4. Schalotten, Knoblauch, Brokkoli und Staudensellerie darin etwa 2 Min. unter mehrmaligem Umrühren anbraten.
5. Die Gemüsebrühe zugießen und alles einmal aufkochen lassen. Anschließend etwa 7 Min. auf mittlerer Stufe köcheln lassen, bis das Gemüse gar ist.
6. Den Topf von der Herdplatte nehmen und alles so lange pürieren, bis eine cremige Suppe entstanden ist. Den Feta zerbröseln und mit dem Joghurt hinzugeben, eventuell erneut einige Sekunden lang pürieren.
7. Mit Salz und Pfeffer abschmecken.

Tipp:
Mit frischer Minze und gehackten Haselnüssen servieren.

Salate

Beeriger Blattspinat-Salat

Für 2 Portionen
Pro Portion: 229 kcal • 14,7 g KH • 8,3 g F • 20 g P
vegetarisch, glutenfrei

---

400 g frischer Blattspinat (oder Salat nach Wahl)
100 g Brombeeren
50 g weiße Johannisbeeren
50 g Physalis
100 g fettreduzierter Hirtenkäse
4 Stängel Basilikum
150 g Sojajoghurt, Natur
2 EL Essig, z. B. weißer Balsamico
Salz
Pfeffer

1. Blattspinat waschen, verlesen und abtropfen lassen. Beeren waschen und abtropfen lassen. Die Blätter der Physalis entfernen, Früchte waschen und abtrocknen.
2. Hirtenkäse in kleine Stücke schneiden und zusammen mit Blattspinat, Beeren und Physalis in eine Schüssel geben.
3. Basilikum waschen, trocken schütteln und klein hacken.
4. Joghurt und Basilikum in eine Schüssel geben, Essig, Salz und Pfeffer hinzufügen und verrühren.
5. Den Salat mit dem Dressing anrichten und genießen.

Essen ohne Zucker

Avocado-Lachs-Salat

Ohne Zuckerzusatz

Für 1 Portion
Pro Portion: 479 kcal • 13,3 g KH • 31,6 g F • 32,8 g P
glutenfrei

Für den Salat:
100 g Blattsalat
⅓ Salatgurke
½ Avocado
100 g geräucherter Lachs
8 g Pinienkerne

Für das Dressing:
75 g Magerquark
1 Schuss Milch
1 Knoblauchzehe
etwas getrockneter Dill
Salz
Pfeffer

1. Den Salat waschen, trockenschütteln und in mundgerechte Stücke zupfen.
2. Gurke schälen, Avocado halbieren, entkernen und Fruchtfleisch aus der Schale heben. Gurke klein schneiden. Avocado in Scheiben schneiden, Lachs auf den Salat geben.
3. In einer Pfanne ohne Öl die Pinienkerne anbraten und dann mit den vorbereiteten Zutaten in eine Schüssel geben.
4. Für das Dressing Magerquark mit 1 Schuss Milch vermengen.
5. Knoblauch schälen und in den Quark pressen.
6. Dressing mit Dill, Salz und Pfeffer würzen.
7. Den Salat mit dem Quarkdressing servieren.

Essen ohne Zucker

Zucchinisalat mit Schafskäse, Oliven und Pinienkernen

Für 2 Portionen
Pro Portion: 598 kcal • 16,5 g KH • 49,2 g F • 17,5 g P
vegetarisch, glutenfrei

2 Zucchini
100 g Schafskäse
6 getrocknete Tomaten
80 g schwarze Oliven, entsteint
40 g Pinienkerne
3 Stängel Petersilie
   (oder 1 TL TK-Petersilie bzw.
   ½ TL getrocknete Petersilie)
4 EL Öl, z. B. Olivenöl
3 EL Zitronensaft

1. Zucchini putzen, waschen, mit einem Sparschäler in dünne Streifen schneiden und in eine Schüssel geben.
2. Schafskäse in kleine Würfel schneiden und zu den Zucchinistreifen geben.
3. Getrocknete Tomaten klein hacken und zusammen mit den Oliven in die Schüssel geben.
4. Pinienkerne in einer Pfanne ohne Öl bei mittlerer Hitze anrösten, bis sie leicht braun sind.
5. Petersilie waschen, klein hacken und zusammen mit dem Öl und Zitronensaft vermischen bzw. in einem Dressingshaker schütteln.
6. Dressing über den Salat geben und alle gut vermischen.
7. Geröstete Pinienkerne über den Salat streuen.

Hauptspeisen mit Hähnchen

Kürbis-Hähnchen-Topf

Ohne Zuckerzusatz

Für 2 Portionen
Pro Portion: 313 kcal • 33,1 g KH • 4,7 F • 33,4 g P
glutenfrei

250 g Hähnchenbrust
¼ Hokkaido-Kürbis oder ½ Butternut-Kürbis
3 kleine Kartoffeln
1 Zwiebel
1 Knoblauchzehe
1 TL Öl
500 g Gemüsebrühe
(Kräuter-)Salz
Pfeffer
½ TL Kurkuma (oder Currypulver)

1. Hähnchenbrustfilet säubern und in Streifen schneiden.
2. Kürbis schälen, entkernen und würfeln. Kartoffeln waschen, schälen und in Würfel schneiden.
3. Zwiebel und Knoblauch abziehen und klein hacken.
4. Öl in einer Pfanne erhitzen und Zwiebel- und Knoblauchstücke andünsten.
5. Hähnchenbrustfiletstreifen, Kürbis- und Kartoffelwürfel hinzufügen und 5 Min. mitdünsten.
6. Gemüsebrühe und Gewürze dazugeben und ca. 15 Min. bei mittlerer Hitze köcheln lassen.

Tipp:
Mit frischer Minze servieren.

Essen ohne Zucker

Asiapfanne mit Blumenkohlreis

Ohne Zuckerzusatz

Für 4 Portionen
Pro Portion Blumenkohlreis: 71 kcal • 5,9 g KH • 0,8 g F • 6,2 g P
Pro Portion Asiapfanne: 332 kcal • 10,9 g KH • 14 g F • 38 g P
glutenfrei

Für die Asiapfanne:
1 Karotte
1 Schalotte
1 Knoblauchzehe
1 rote Paprika
1 Chilischote
300 g weiße Champignons
250 g Brokkoli
300 g Weißkohl
500 g Hähnchenbrust

1 EL Olivenöl
200 ml Kokosmilch
30 g Erdnussbutter
Salz
Pfeffer

Für den Blumenkohlreis:
1 kg Blumenkohl
2 TL Salz

1. Die Karotte, die Schalotte und den Knoblauch schälen und klein würfeln.
2. Die Paprika und die Chili putzen, waschen und in kleine Stücke schneiden.
3. Die Champignons säubern und achteln.
4. Den Brokkoli putzen, waschen und in mundgerechte Stücke schneiden.
5. Beim Weißkohl den Strunk entfernen, Blätter waschen und in dünne Streifen schneiden.
6. Das Hähnchenfleisch abbrausen, mit einem Küchenpapier trocken tupfen und klein schneiden.
7. Olivenöl in einer Pfanne erhitzen und Schalotte darin andünsten. Das Hähnchenfleisch hinzugeben und scharf anbraten.
8. Dann die Pilze dazugeben und weiterbraten. Nach und nach Weißkohl, Karotte, Brokkoli und Paprika in die Pfanne geben und anbraten. Anschließend das Ganze mit Kokosmilch ablöschen.
9. Dann Knoblauch sowie Chili zum Gemüse geben. Die Erdnussbutter unterrühren und die Asiapfanne mit Salz und Pfeffer würzen. Auf niedriger Stufe köcheln lassen.
10. Für den Blumenkohlreis den Blumenkohl putzen, waschen, zerteilen und im Mixer zu Reiskorngröße zerkleinern. In einen Topf mit kochendem Salzwasser geben und bissfest kochen.
11. Den Blumenkohlreis in ein Sieb abgießen, kurz abtropfen lassen und zu der Asiapfanne servieren.

Essen ohne Zucker

Chicken-Nuggets mit Curry-Dip

Ohne Zuckerzusatz

Für 2 Portionen
Pro Portion Nuggets: 475 kcal • 1,5 g KH • 22,5 g F • 64,8 g P
Pro Portion Dip: 134 kcal • 3,7 g KH • 11,8 g F • 2,9 g P
glutenfrei

Für die Nuggets:
400 g Hähnchenbrustfilet
60 g geriebenen Parmesan
½ TL Kurkuma
40 g gemahlene Mandeln
1 Ei
Salz
Pfeffer
etwas Pflanzenöl zum Braten

Für den Dip:
75 ml Sahne
75 ml Joghurt (1,5 % Fett)
1 EL Currypulver
1 TL Kurkuma
1 Prise Xylit oder Erythrit
Salz
Pfeffer

1. Das Hähnchenbrustfilet waschen, mit einem Küchenpapier abtupfen und in mundgerechte Stücke schneiden.
2. In einem tiefen Teller Parmesan, Kurkuma und Mandeln vermengen.
3. In einem weiteren Teller das Ei verquirlen und mit Salz und Pfeffer würzen. Die Fleischstücke zuerst in Ei, danach in der Parmesan-Mandel-Mischung wälzen.
4. In einer Pfanne etwas Öl erhitzen. Die panierten Nuggets in die Pfanne geben und von beiden Seiten ca. 5 Min. anbraten.
5. Für den Dip die Sahne in einer Schüssel steif schlagen. Den Joghurt mit Curry, Kurkuma, Xylit, Salz und Pfeffer würzen und danach unter die Sahne heben.

Essen ohne Zucker

Hähnchen-Bruschetta

Ohne Zuckerzusatz

Für 2 Portionen
Pro Portion: 350 kcal • 4,7 g KH • 12,6 g F • 53,6 g P
glutenfrei

400 g Hähnchenbrust
Salz, Pfeffer
1 EL + 1 TL Öl
1 Zwiebel
1 Knoblauchzehe
2 Tomaten
etwas getrockneter Oregano
½ Kugel Mozzarella

1. Hähnchenbrust abspülen und mit Küchenpapier trocken tupfen. Mit Salz und Pfeffer würzen.
2. 1 EL Öl in einer Pfanne erhitzen und die Hähnchenbrust darin scharf anbraten und dann bei mittlerer Hitze ca. 10 Min. durchgaren.
3. In der Zwischenzeit Zwiebel und Knoblauch abziehen, die Tomaten waschen. Alles zusammen in kleine Würfel schneiden. Mit Salz, Pfeffer, etwas Oregano und 1 TL Öl in einer Schüssel vermischen.
4. Sobald die Hähnchenbrust durchgegart ist, die marinierte Tomatenmasse darauf verteilen.
5. Mozzarella in Scheiben schneiden, vierteln und die Hähnchen-Bruschetta damit belegen.
6. Herd ausschalten, evtl. einen Deckel auf die Pfanne geben und alles noch 1–2 Min. durchziehen lassen.

Tipp:
Mit Oregano bestreut servieren.

Hauptspeisen mit Fleisch und Wurst

Kohlrabi-Hack-Auflauf

Ohne Zuckerzusatz

Für 4 Portionen
Pro Portion: 410 kcal • 14,9 g KH • 22 g F • 33 g P
glutenfrei

4 große Kohlrabi, geschält, etwa 1 kg
1 Zwiebel
1 TL Öl, z. B. Olivenöl
400 g Hackfleisch, z. B. vom Rind
500 g passierte Tomaten
Salz
Pfeffer
Oregano, getrocknet
Knoblauchpulver
100 g Käse gerieben

1. Backofen auf 180 °C Umluft vorheizen.
2. Kohlrabis schälen und in Stifte schneiden.
3. Zwiebel abziehen und in kleine Würfel schneiden.
4. Öl in einer Pfanne erhitzen und Zwiebelwürfel darin andünsten. Hackfleisch hinzufügen und ca. 5 Min. mitdünsten.
5. Kohlrabistifte und Hackfleisch in einer gefetteten Auflaufform verteilen.
6. Passierte Tomaten und Gewürze vermischen, über Hackfleisch und Kohlrabistifte in die Auflaufform geben und alles vermengen. Mit Käse bestreuen, in den Ofen schieben und 25–30 Min. backen.

Essen ohne Zucker

Hackbällchen in Tomatensauce mit Blumenkohlpüree

Für 2 Portionen
Pro Portion: 480 kcal • 15,6 g KH • 27,5 g F • 35 g P
glutenfrei

5 Stängel Petersilie
1 Zwiebel
1 Knoblauchzehe
500 g Blumenkohl
Salz
Pfeffer
Paprikapulver, edelsüß
200 g gemischtes Hackfleisch
20 g Parmesan gerieben
1 Ei
1 EL Tomatenmark
1 TL mittelscharfer Senf
1 TL Öl, z. B. Olivenöl
400 g gehackte Tomaten (1 Dose)
1 TL Gemüsebrühepulver
1 TL Halbfettbutter
Muskatnuss, gemahlen

1. Petersilie waschen, trocken schütteln und klein hacken.
2. Zwiebel und Knoblauch abziehen und in kleine Würfel schneiden.
3. Die Hälfte der Zwiebel-/Knoblauchstücke und der Petersilie in eine Schüssel füllen.
4. Blumenkohl putzen und in Röschen teilen, evtl. noch etwas kleiner schneiden, das verkürzt die Garzeit.
5. Wasser und eine Prise Salz in einen Topf geben und Blumenkohl garen.
6. Hackfleisch, Parmesan, Ei, Tomatenmark, Senf und Gewürze in eine Schüssel geben und verkneten. Aus der Masse kleine Bällchen formen.
7. Öl in einer Pfanne erhitzen und die Hackbällchen darin von allen Seiten scharf anbraten.
8. Gehackte Tomaten, restliche Zwiebelwürfel und Petersilie, Gemüsebrühepulver, Salz, Pfeffer und Paprikapulver vermengen und zu den Hackbällchen in die Pfanne geben. 15 Min. bei mittlerer Temperatur köcheln lassen (am besten mit einem Deckel abgedeckt).
9. Den gegarten Blumenkohl abseihen und zusammen mit Butter pürieren. Mit Salz und Muskatnuss abschmecken.
10. Hackbällchen mit Sauce und Blumenkohlpüree anrichten.

Essen ohne Zucker

Spaghetti bolognese

Ohne Zuckerzusatz

Für 2 Portionen
Pro Portion: 340 kcal • 14,5 g KH • 23,5 g F • 14,6 g P
glutenfrei

1 mittelgroße lange Zucchini (ca. 200 g)
1 lange Karotte
½ Zwiebel
2 Tomaten
etwas Öl zum Braten
100 g Hackfleisch
1 EL Tomatenmark
120 g passierte Tomaten (aus der Dose)
Paprikapulver, edelsüß
Salz
Pfeffer
Chilipulver
50 ml Sahne oder Milch
optional geriebener Käse oder Parmesan zum Bestreuen

1. Zucchini und Karotte putzen, waschen und mit einem Spiralschneider in Spaghettiform schneiden.
2. Zwiebel schälen und klein hacken. Tomaten waschen, Stielansatz entfernen und Fruchtfleisch in Würfel schneiden.
3. 1 EL Öl in einer Pfanne erhitzen, Zwiebel darin andünsten, dann das Hackfleisch dazugeben und anbraten.
4. Nun den Herd auf mittlere Hitze herunterschalten, nacheinander das Tomatenmark, die passierten Tomaten und die Gewürze dazugeben und gut vermischen.
5. Anschließend Sahne oder Milch dazugeben, damit eine schöne cremige Konsistenz entsteht. Zum Schluss die in Würfel geschnittenen Tomaten hinzufügen.
6. In einer zweiten Pfanne etwas Öl erhitzen und die Gemüse-Spaghetti darin weich braten.
7. Gemüse-Spaghetti auf Teller anrichten und Sauce darübergeben oder die Sauce noch zu den Zucchini-Nudeln in die Pfanne geben und gut vermischen.
8. Nach Belieben mit Käse oder Parmesan bestreuen.

Mit Zuckerersatz (wg. Ketchup)

Burger

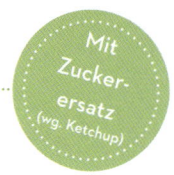

1 Riesen-Burger für 2 Portionen
Pro Portion: 373 kcal • 8,1 g KH • 23,3 g F • 32,9 g P
glutenfrei

Für die Brötchen:
3 Eiweiß
100 g Quark
1 Eigelb
1 Prise Salz
evtl. Sesam und Kräuter zum Bestreuen

Für das Fleisch:
1 Zwiebel
1 kleine Knoblauchzehe
1 Ei
150 g Hackfleisch
Salz
Pfeffer
Paprikapulver, edelsüß
1 EL Öl

Für den Belag:
2 Scheiben Schmelzkäse
20 g Salat
2 Tomaten
2 EL Ketchup (siehe Seite 102)

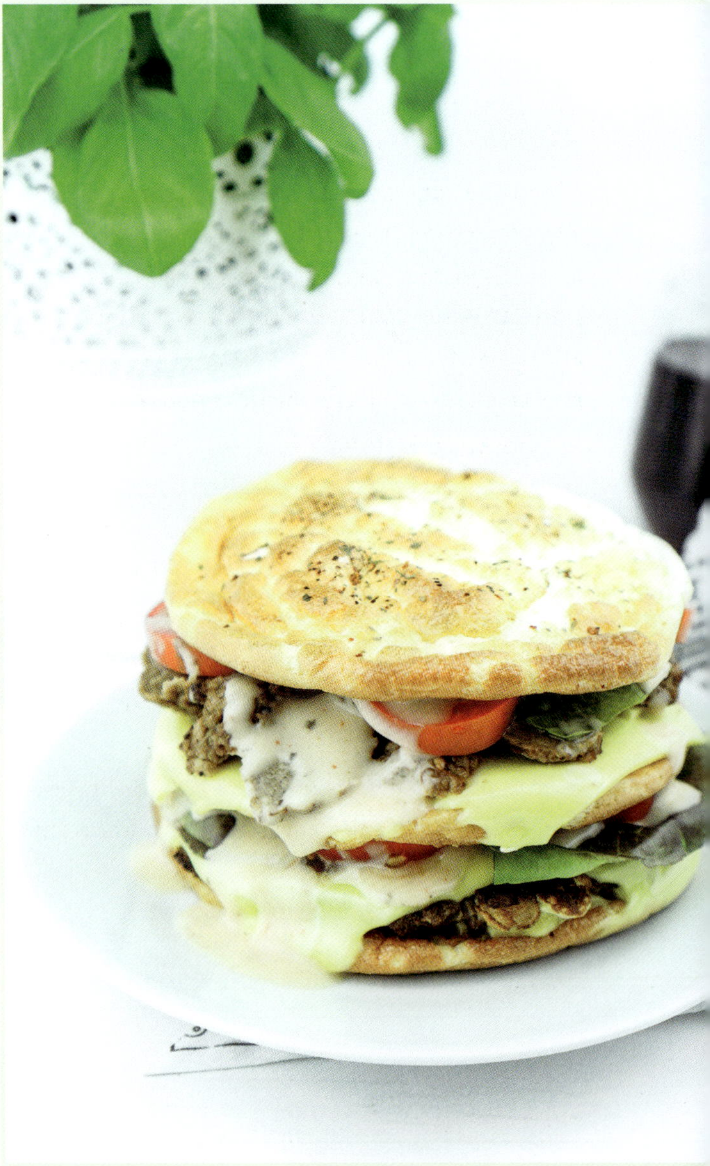

1. Den Backofen auf 150 °C Ober-/Unterhitze vorheizen.
2. Das Eiweiß in einer Schüssel steif schlagen.
3. In einer separaten Schüssel Quark, Eigelb und Salz gut verrühren. Den Eischnee vorsichtig unterheben.
4. Mithilfe eines Löffels auf einem mit Backpapier ausgelegten Blech 3 mittelgroße Häufchen setzen. Nach Belieben ein Häufchen mit etwas Sesam oder Kräutern bestreuen (das wird der Burger-Deckel).
5. Das Blech für 20–25 Min. in den Ofen geben. Backvorgang ständig kontrollieren, da die Brötchen schnell zu dunkel werden können.
6. Die Burger-Brötchen nach der Backzeit aus dem Ofen holen und abkühlen lassen. Es ist normal, dass die Brötchen etwas zusammenfallen.
7. In der Zwischenzeit die Zwiebel abziehen, sehr fein würfeln und mit der gepressten Knoblauchzehe, dem Ei und dem Hackfleisch vermischen.
8. Nach Geschmack mit Salz, Pfeffer und Paprikapulver würzen und alles gut verkneten. Aus der Fleischmasse 2 flache Burger-Frikadellen formen.
9. In einer beschichteten Pfanne Öl erhitzen und die Frikadellen darin von beiden Seiten gar braten.
10. Sobald sie fertig gebraten sind, die Restwärme der Pfanne noch ausnutzen und jeweils 1 Scheibe Käse auf 1 Frikadelle legen und schmelzen lassen.
11. Salat waschen und trocken schütteln, Tomaten waschen und in Scheiben schneiden.
12. Burger-Brötchen mit einer Frikadelle mit Käse, etwas Salat, Ketchup und Tomatenscheiben belegen.
13. Nun das nächste Brötchen auflegen und wieder den Belag darauf stapeln.
14. Am Ende den Burger-Deckel (mit Kräutern oder Sesam) obenauf setzen.

Essen ohne Zucker

Ohne Zuckerzusatz

Brokkolinudeln mit Brokkoli-Käse-Sauce

Für 2 Portionen
Pro Portion: 434 kcal • 11,6 g KH • 32,4 g F • 19,7 g P
glutenfrei

1 Brokkoli
1 Zwiebel
1 EL Öl
80 g Katenschinken
150 ml Sahne
Salz
Pfeffer

1. Brokkoliröschen abschneiden (am besten so, dass so viel wie möglich vom Strunk übrig bleibt).
2. Strunk durch den Julienne-Schneider/Spiralschneider drehen und in einer Schüssel zur Seite stellen. Evtl. übrig bleibende Reste klein schneiden.
3. Brokkoliröschen in mundgerechte Stücke schneiden.
4. Zwiebel schälen und zerkleinern, in einer Pfanne mit Öl erhitzen und goldbraun andünsten.
5. Katenschinken dazugeben und von allen Seiten anbraten.
6. Die Brokkoliröschen und übrigen Stückchen hinzufügen, unter mehrmaligem Wenden andünsten.
7. Sahne einfüllen und auf niedriger Stufe köcheln lassen.
8. Mit Salz und Pfeffer abschmecken.
9. Die Brokkolinudeln hinzufügen und in den letzten Minuten mitköcheln lassen, bis sie gar sind.

Essen ohne Zucker

Ohne Zuckerzusatz

Auberginen-Mozzarella-Röllchen

Für 2 Portionen
Pro Portion: 562 kcal • 10,2 g KH • 37,3 g F • 40 g P
glutenfrei

1 Zwiebel
1 EL Öl
250 g Hackfleisch
1 Aubergine
1 Kugel Mozzarella (ca. 125 g)
1 Dose stückige Tomaten (ca. 400 g)
1 TL Gemüsebrühepulver
Salz
Pfeffer
Zahnstocher oder Holzspieße

1. Zwiebel abziehen und fein hacken.
2. Öl in der Pfanne erhitzen, Zwiebel und Hackfleisch darin anbraten.
3. Währenddessen Auberginen putzen, waschen und längs in feine Scheiben hobeln (ca. 2–3 mm dick).
4. Für jede Auberginenscheibe ein Stück Mozzarella abschneiden.
5. Die Mozzarellastücke in die Auberginenscheiben einrollen und Röllchen mit einem Zahnstocher oder Holzspieß feststecken.
6. Tomaten und Gemüsebrühepulver in die Pfanne zum Fleisch geben und die Auberginenröllchen in die Sauce legen. Mit Salz und Pfeffer abschmecken.
7. Röllchen bei mittlerer Hitze am besten mit geschlossenem Deckel ca. 10 Min. köcheln lassen.

Tipp:
Mit frischem Basilikum garnieren.

Hauptspeisen mit Fisch und Garnelen

Lachsomelett

Ohne Zuckerzusatz

Für 2 Portionen
Pro Portion: 286 kcal • 3,8 g KH • 18,8 g F • 23,1 g P
glutenfrei

3 kleine Eier
40 ml Milch
Salz
Pfeffer
Muskat
Öl zum Braten
50 g Mozzarella
60 g Tomaten
85 g geräucherter Lachs

1. Die Eier zusammen mit der Milch und den Gewürzen in einer Schüssel ordentlich aufschlagen und in eine vorgeheizte Pfanne (ca. 24 cm Durchmesser) mit etwas Öl geben.
2. Die Pfanne mit einem Deckel verschließen und das Ganze auf mittlerer Hitze etwa 5 Min. braten lassen.
3. Währenddessen den Mozzarella klein schneiden, die Tomaten waschen, putzen und klein würfeln. Beides nach den 5 Min. zusammen mit dem klein geschnittenen Lachs auf das Omelette legen.
4. Den Deckel wieder auf die Pfanne geben und das Omelett weitere 5–10 Min. braten lassen.

Essen ohne Zucker

Ohne Zuckerzusatz

Fisch mit Gemüsekruste

Für 2 Portionen
Pro Portion: 201 kcal • 8,6 g KH • 6,1 g F • 25,4 g P
glutenfrei

1 rote Paprika
1 Karotte
1 Zwiebel
1 TL Olivenöl
300 g Rotbarschfilet
1 EL Zitronensaft
Salz, Pfeffer
Öl zum Fetten der Auflaufform

1. Backofen auf 200 °C Ober-/Unterhitze vorheizen.
2. Paprika waschen, Strunk und Kerne entfernen und in grobe Stücke schneiden.
3. Karotte waschen, schälen und in ca. 3 cm lange Stücke schneiden.
4. Zwiebel abziehen und halbieren.
5. Paprika-, Karotten- und Zwiebelstücke klein raspeln oder alternativ sehr klein schneiden und mit Olivenöl vermischen.
6. Fischfilets waschen, trocken tupfen. Mit Zitronensaft, Salz und Pfeffer würzen.
7. Fischfilets nebeneinander in eine gefettete Auflaufform geben und die Gemüseraspel darauf verteilen, etwas andrücken und nochmals würzen.
8. Auflaufform in den Backofen schieben und 20–25 Min. backen.

Tipp:
Mit frischen Kräutern oder Kräuterquark servieren.

Hauptspeisen mit Fisch und Garnelen

Blumisotto mit Garnelen

Für 2 Portionen
Pro Portion: 308 kcal • 9,3 g KH • 18,3 g F • 22,1 g P
glutenfrei

500 g Blumenkohl
250 g TK-Spinat
1 EL Öl
100 ml Sahne
Salz
Pfeffer
etwas Rosmarin, getrocknet
2–3 EL Wasser
200 g gekochte Garnelen, verzehrfertig

1. Blumenkohl waschen, putzen und im Mixer zu Reiskorngröße zerkleinern.
2. TK-Spinat klein hacken.
3. Öl in einer Pfanne erhitzen und die Blumenkohlraspel kurz darin schwenken.
4. Mit Sahne ablöschen und den Spinat hinzugeben. Alles gut durchrühren und kurz aufkochen.
5. Mit Salz, Pfeffer und Rosmarin abschmecken. Gegebenenfalls etwas Wasser hinzugeben.
6. Herd auf mittlere Stufe stellen und Garnelen in die Pfanne geben. Bei geschlossenem Deckel weitere 5–7 Min. köcheln lassen.
7. Zum Schluss noch einmal abschmecken und servieren.

Tipp:
Beim Servieren etwas Parmesan dazugeben.

Essen ohne Zucker

Ohne Zuckerzusatz

Lachs mit Zucchininudeln und Sahnesauce

Für 2 Portionen
Pro Portion: 520 kcal • 4,9 g KH • 42,4 g F • 28,6 g P
glutenfrei

2 Lachsfilets (ca. 250 g)
4 Zweige frischer Thymian (oder 1 TL TK-Thymian bzw. ½ TL getrockneter Thymian)
1 EL Öl, z. B. Olivenöl
100 ml Sahne
50 ml Wasser
1 EL Zitronensaft
½ TL Gemüsebrühepulver
Salz
Pfeffer
1 mittelgroße Zucchini

1. Lachs waschen und mit Küchenpapier trocken tupfen.
2. Thymian waschen und trocken schütteln.
3. Öl und Thymian in eine Pfanne geben und Lachs erst von beiden Seiten scharf anbraten, danach bei mittlerer Hitze 8–10 Min. durchgaren lassen.
4. Währenddessen Sahne, Wasser, Zitronensaft, Gemüsebrühepulver, Salz, Pfeffer in einen Topf füllen und kurz aufkochen lassen. Dann bei mittlerer Hitze ca. 5 Min. köcheln lassen. Falls die Sahnesauce zu dickflüssig wird, noch etwas Wasser nachgießen.
5. Zucchini waschen, putzen und mit einem Spiralschneider in Nudelform schneiden.
6. Zucchininudeln in die Sahnesauce einrühren und 3–4 Min. köcheln lassen (je nachdem, wie bissfest oder weich man die Zucchininudeln möchte). Mit Salz und Pfeffer abschmecken.
7. Zucchininudeln mit Sahnesauce und Lachsfilets auf 2 Teller verteilen und servieren.

Hauptspeisen mit Fisch und Garnelen

Essen ohne Zucker

Fischfrikadellen mit Meerrettich-Dill-Dip

Für 2 Portionen
Pro Portion: 323 kcal • 12,2 g KH • 7,3 g F • 50,9 g P

3 Stängel Petersilie
400 g Seelachsfilet
2 Esslöffel Paniermehl
1 Ei
1 TL mittelscharfer Senf
Salz
Pfeffer
1 TL Öl, z. B. Olivenöl
200 g Magerquark
1 EL Mineralwasser
1 TL Meerrettich, nach Geschmack Tafel- oder Sahnemeerrettich
1 TL TK-Dillspitzen

1. Petersilie waschen, trocken schütteln und hacken.
2. Seelachsfilet in einer Küchenmaschine grob zerkleinern oder alternativ sehr klein schneiden.
3. Seelachsfiletstücke mit Paniermehl, Ei, Senf, Salz und Pfeffer in eine Schüssel geben und verkneten. Kleine Frikadellen formen und in heißem Öl von beiden Seiten goldbraun braten.
4. Magerquark mit Mineralwasser, Meerrettich und Dill in einer Schüssel aufrühren.
5. Fischfrikadellen mit Quarksauce anrichten und servieren.

Hauptspeisen vegetarisch und vegan

Auberginen-Parmesan-Piccolinis

Ohne Zuckerzusatz

Für 2 Portionen
Pro Portion: 387 kcal • 8,8 g KH • 26,6 g F • 29,2 g P
vegetarisch, glutenfrei

2 Auberginen
1 EL Öl
Salz
Pfeffer
10 Cherrytomaten
150 g Parmesan

1. Backofen auf 180 °C Umluft vorheizen.
2. Auberginen waschen, putzen, abtrocknen und in dünne Scheiben schneiden.
3. Auf einem mit Backpapier ausgelegten Backblech verteilen. Die Auberginenscheiben mit Olivenöl bepinseln, salzen und pfeffern.
4. Tomaten waschen, abtrocknen und in Scheiben schneiden. Die Tomatenscheiben auf die Auberginenscheiben legen.
5. Parmesan reiben und über die Piccolinis streuen.
6. Blech mit den Piccolinis in den Ofen schieben und diese ca. 10 Min. backen.

Essen ohne Zucker

Pizza mit Blumenkohlboden

Ohne Zuckerzusatz

Für 2 Portionen
Pro Portion: 531 kcal • 11,9 g KH • 34 g F • 38 g P
vegetarisch, glutenfrei

Für den Boden:
400 g Blumenkohlröschen
2 Eier
150 g geriebener Käse
1 TL Salz
etwas Öl zum Bestreichen

Für den Belag:
1 l Wasser
150 g grüner Spargel
1 EL Butter
100 g frischer Blattspinat
100 g Zucchini
1 Knoblauchzehe
120 g passierte Tomaten
   (aus der Dose)
5 g Tomatenmark
Salz
Pfeffer
frische Kräuter nach Belieben, z. B.
   Oregano, Thymian, Basilikum

Hauptspeisen vegetarisch und vegan

1. Backofen auf 220° C Ober-/Unterhitze vorheizen.
2. Die Blumenkohlröschen waschen, roh mit einer Küchenmaschine zu etwa reiskorngroßen Stücken zerkleinern und in eine Schüssel geben. Eier, Käse und Salz hinzufügen und alles zu einem breiigen Teig verkneten.
3. Ein Backblech mit Backpapier auslegen und dort, wo die Pizza aufgesetzt wird, mit etwas Öl bepinseln. Teig kreisförmig auf das Backpapier geben. Der Boden sollte nicht zu dick sein, nur ca. 0,5–1 cm.
4. Die Oberfläche des Bodens eventuell noch mit etwas Öl bepinseln, um die Bräunung zu unterstützen.
5. Den Pizzaboden im Ofen ca. 25–30 Min. vorbacken, bis er eine schöne Bräunung erreicht hat.
6. Währenddessen den Belag und die Tomatensauce vorbereiten. Dazu einen großen Topf oder Spargeltopf mit mindestens 1 Liter Wasser zum Kochen bringen. Den grünen Spargel waschen und ca. 2 cm an den Enden abschneiden. Eventuell auch noch an den Enden schälen. Normalerweise ist das bei grünem Spargel allerdings nicht nötig. Da die Stangen sehr dünn sind, ist es von Vorteil, wenn man sie mit Küchengarn locker bündelt.
7. 1 EL Butter in das kochende Salzwasser geben und den Spargel ca. 8 Min. darin kochen. Danach mit einem Schaumlöffel vorsichtig herausnehmen und abtropfen lassen.
8. Den Blattspinat waschen und abtropfen lassen. Die Zucchini putzen, waschen und in dünne Scheiben hobeln. Knoblauch schälen und grob klein schneiden.
9. Für die Sauce passierte Tomaten, Tomatenmark, Knoblauch, Gewürze und gewaschene Kräuter pürieren und abschmecken.
10. Den vorgebackenen Pizzaboden aus dem Ofen nehmen, die Sauce auftragen und die Pizza mit Zucchinischeiben, Spargel und Spinat belegen. Anschließend 10 Min. im Ofen fertigbacken.

Tipp:

Der Blumenkohlboden kann vielfältig belegt werden und hat nur 5,5 g KH pro Portion! Das Grundrezept des Bodens für 2 Portionen weist folgende Nährwerte pro Portion auf: 436 kcal/5,5 g KH/29,3 g F/33,2 g F.

Essen ohne Zucker

Gnocchi mit fruchtiger Tomatensauce

 Mit Zuckerersatz

Für 2 Portionen
Pro Portion: 386 kcal • 13,5 g KH • 18 g F • 38,6 g P
vegetarisch, glutenfrei

Für den Teig:
2 Eier
350 g Magerquark
Salz
6 EL Guarkernmehl + etwas zum Bestäuben

Für die Sauce:
1 kleine Zwiebel
1 Knoblauchzehe
150 g Cocktailtomaten
½ Bund frisches Basilikum
1 EL Olivenöl
1 EL Tomatenmark
50 ml Wasser
Salz
Pfeffer
1 Prise Erythrit
40 g geriebener Parmesan

1. Für den Teig Eier, Magerquark, etwas Salz und Guarkernmehl in einer Schüssel gut vermengen. Teig ca. 20 Min. quellen lassen, er sollte zäh, aber nicht zu klebrig sein.
2. Während der Quellzeit Zwiebel und Knoblauch abziehen und fein würfeln. Tomaten waschen und halbieren. Basilikum waschen, trocken schütteln und klein hacken.
3. Olivenöl in einer Pfanne erhitzen und die Zwiebelwürfel darin 2 Min. andünsten, bis sie glasig sind. Den Knoblauch hinzugeben und weitere 2 Min. dünsten lassen.
4. Tomatenmark dazugeben und kurz anrösten. Die Cocktailtomaten und das Wasser dazugeben und alles bei mittlerer Hitze weiter köcheln lassen.
5. Sauce mit Salz, Pfeffer und Erythrit würzen. Das Basilikum unterheben und die Pfanne vom Herd nehmen.
6. Salzwasser in einem großen Topf zum Kochen bringen.
7. Die Arbeitsfläche mit Guarkernmehl bestäuben und den Teig nach der Ruhezeit kurz durchkneten. Kleine Bällchen daraus formen und in Gnocchi-Form bringen. Mit einer Gabel die typischen Streifen eindrücken.
8. Die Teiglinge in das kochende Wasser geben und abschöpfen, sobald sie an der Wasseroberfläche schwimmen. Portionsweise auf Tellern anrichten und mit Tomatensauce und etwas geriebenem Parmesan servieren.

Essen ohne Zucker

Zucchinispaghetti mit Avocado-Spinat-Pesto

Ohne Zuckerzusatz

Für 2 Portionen
Pro Portion: 467 kcal • 14,5 g KH • 31,4 g F • 25,4 g P
vegan, glutenfrei

Für das Pesto:
20 g Walnüsse
½ Avocado
50 g frischer Blattspinat
½ Knoblauchzehe
1 EL Olivenöl
1 Spritzer Zitronensaft
Salz
Pfeffer

Für die Spaghetti:
175 g geräucherter Tofu
3 mittelgroße Zucchini (je 200 g)
1 EL Olivenöl
1 Knoblauchzehe
200 g frischer Blattspinat

1. Für das Pesto die Walnüsse in einer Pfanne ohne Öl anrösten und etwas abkühlen lassen.
2. Avocado halbieren, entkernen und Fruchtfleisch aus der Schale heben.
3. Spinat waschen, trocken schütteln.
4. Knoblauch schälen.
5. Alle Zutaten in den Mixer geben und zu einem Pesto verarbeiten.
6. Den Tofu in kleine Würfel schneiden.
7. Die Zucchini waschen, putzen und mit einem Spiralschneider oder einem Sparschäler der Länge nach schälen, bis das Kerngehäuse sichtbar wird.
8. Zuerst die Tofuwürfel in einer Pfanne mit etwas Olivenöl scharf anbraten, aus der Pfanne nehmen und warm stellen.
9. Danach die Knoblauchzehe schälen und in die Pfanne pressen. Wenn nötig, noch etwas Öl hinzufügen.
10. Spinat waschen und trocken schütteln.
11. Die Zucchinispaghetti und die Hälfte des Spinats in die Pfanne geben und wenige Minuten andünsten.
12. Den restlichen Spinat auf den Tellern verteilen und mit Pesto und Spaghetti anrichten.

Essen ohne Zucker

Deftige Zucchini-Pancakes mit Joghurt-Dip

Für 2 Portionen
Pro Portion: 439 kcal • 20,4 g KH • 20,7 g F • 41,5 g P
vegetarisch, glutenfrei

300 g Zucchini
½ Zwiebel
1 Ei
20 g Parmesan, gerieben
1 Msp. Johannisbrotkern- oder Guarkernmehl (zur besseren Bindung, ersatzweise etwas mehr geriebenen Parmesan verwenden)
½ TL Basilikum, getrocknet
½ TL Petersilie, getrocknet
Salz
Peffer
1 EL Öl
250 g griechischer Joghurt
1 TL Zitronensaft

1. Zucchini waschen, putzen, fein raspeln und das Wasser ausdrücken (zum Beispiel mit einem Küchentuch oder einem Nussmilchbeutel).
2. Zwiebel abziehen und fein hacken.
3. Ei in einer Schüssel kurz aufschlagen.
4. Zucchiniraspel (1 EL geraspelte Zucchini für den Dip beiseitelegen), Zwiebelwürfel, Parmesan, Johannisbrotkernmehl sowie Basilikum und Petersilie zum Ei geben und alles gut vermischen. Mit Salz und Pfeffer würzen.
5. Öl in einer Pfanne erhitzen. Hände befeuchten und aus der Masse kleine Kugeln formen. In die Pfanne setzen, mit einem Löffel leicht andrücken und ausstreichen. Die Zucchini-Pancakes wenden, sobald die untere Seite goldbraun ist.
6. Währenddessen Joghurt, restliche Zucchiniraspel und Zitronensaft vermischen. Mit Salz und Pfeffer abschmecken.
7. Joghurt-Dip zu den Zucchini-Pancakes servieren.

Tipp:
Zu den deftigen Pancakes schmeck auch ein leckerer Quark-Dip!

Süsses und Desserts

Bratapfel

Für 1 Bratapfel
Pro Portion: 158 kcal • 26,8 g KH • 4 g F • 5 g P
vegetarisch, glutenfrei

---

1 Apfel
2 EL Magerquark
1 getrocknete Aprikose, klein geschnitten bzw. gehackt
1 TL gehackte Nüsse, z. B. Walnüsse oder Pekannüsse
1 Msp. Zimt

---

1. Backofen auf 180 °C Umluft vorheizen.
2. Apfel waschen und abtrocknen.
3. Den oberen Teil des Apfels abschneiden, Kerngehäuse vorsichtig entfernen und etwas aushöhlen.
4. Magerquark, Aprikosenstücke, Nüsse und Zimt in einer kleinen Schüssel vermischen und den Apfel damit füllen. Apfeloberteil wieder aufsetzen.
5. Apfel in eine Auflaufform oder auf ein Backblech stellen, in den Ofen schieben und 20–25 Min. backen.

Ohne Zuckerzusatz

Mit Süße aus Früchten

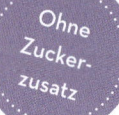

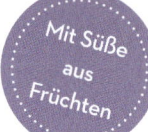

Hüttenkäse-»Milchreis« mit Erdbeersauce

Für 1 Portion
Pro Portion: 295 kcal • 9,8 g KH • 18,3 g F • 21,9 g P
vegetarisch, glutenfrei

200 g Hüttenkäse
1 TL Wasser (oder Mandelmilch)
Zimt (optional)
100 g Erdbeeren

1. Hüttenkäse in einer Schüssel mit Wasser und evtl. etwas Zimt verrühren.
2. Erdbeeren waschen, putzen, trocken tupfen und (falls gewünscht) in einem Mixer oder mit dem Pürierstab pürieren (evtl. 1–2 Erdbeeren zum Garnieren auf die Seite legen).
3. Das Erdbeerpüree in einem Topf 3–5 Min. erwärmen und über den Hüttenkäse-»Milchreis« geben.
4. Evtl. mit den restlichen Erdbeeren garniert servieren.

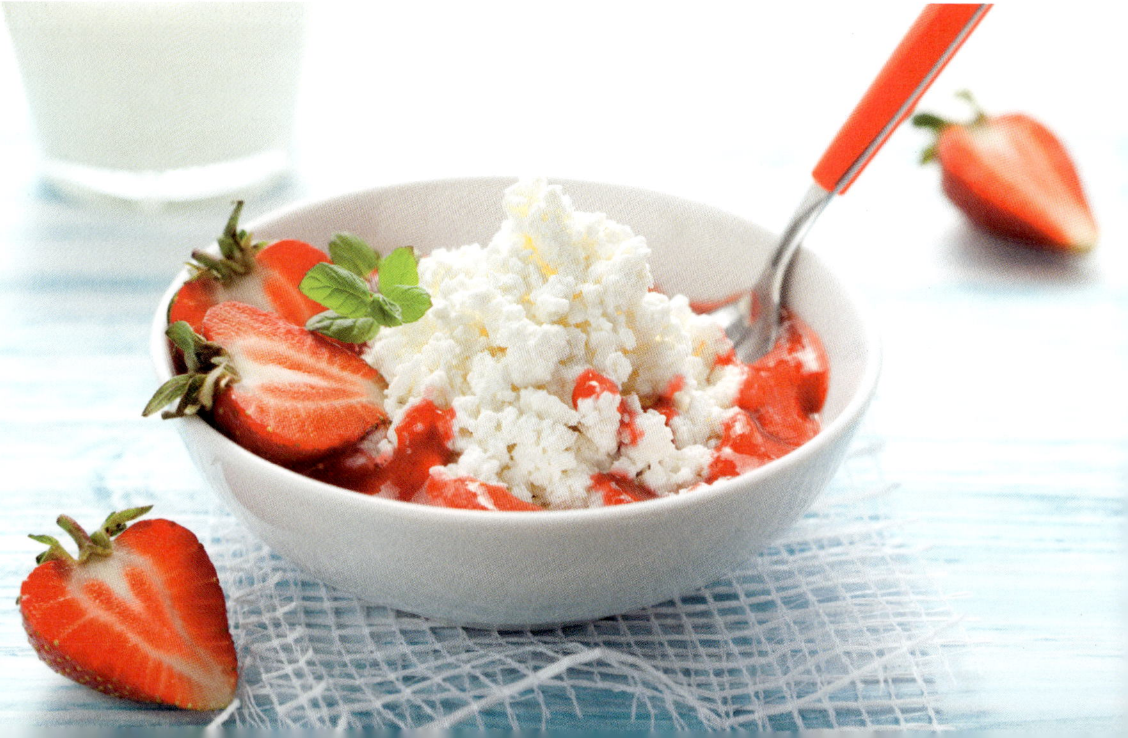

Süßes und Desserts

Heidelbeer-Joghurt-Muffins

Für 8 Stück
Pro Stück: 128 kcal • 17,5 g KH • 4 g F • 4,6 g P
vegetarisch, glutenfrei

150 g Heidelbeeren
150 g Dinkelvollkornmehl
1 TL Backpulver
1 Prise Salz
150 g Naturjoghurt
3 Datteln, getrocknet
1 Ei
1 EL weiche Butter oder Öl mit neutralem Geschmack, z. B. Sonnenblumenöl

1. Backofen auf 180 °C Umluft vorheizen.
2. Heidelbeeren waschen und abtropfen lassen.
3. Mehl in einer Schüssel mit Backpulver und Salz mischen.
4. Joghurt und Datteln im Mixer oder mit einem Pürierstab pürieren.
5. Ei und Butter hinzufügen und einrühren.
6. Die Joghurtmasse mit dem Mehlgemisch zu einem Teig verrühren.
7. Heidelbeeren unter den Teig heben.
8. Muffinblech mit Papierförmchen auslegen und Teig in 8 Mulden einfüllen.
9. Muffins 20–25 Min. im Ofen backen.

Essen ohne Zucker

Mit Zuckerersatz

Schoko-Cookies

Für 15 Cookies
Pro Stück: 85 kcal • 5,8 g F • 1,7 g KH • 5,4 g P
vegetarisch, glutenfrei

150 g blanchiertes Mandelmehl
1 Ei
¼ Teelöffel feinkörniges Meersalz
½ TL Backpulver
40 g Kokosöl, geschmolzen
1 EL Vanilleextrakt
1 EL Backkakao
50 g Schokodrops mit Xylit oder grob gehackte Low-Carb-Schokolade

1. Mandelmehl mit Ei, Salz, Backpulver, Kokosöl, Vanilleextrakt und Kakao in einer großen Schüssel vermengen, bis ein gleichmäßiger Teig entsteht.
2. Den Teig für 30 Min. im Kühlschrank ruhen lassen und den Backofen auf 160 °C Ober-/Unterhitze vorheizen.
3. Aus dem Teig Kugeln formen und diese vorsichtig platt drücken, sodass Cookies entstehen.
4. Nach Belieben die Schokodrops in den Teig drücken.
5. Die Cookies im Ofen auf einem mit Backpapier ausgelegten Blech ca. 15 Min. backen.
6. 15 Min. abkühlen lassen, dann vorsichtig vom Backblech lösen, komplett abkühlen lassen und genießen.

Süßes und Desserts

Fruchtgummi

Für ca. 12 Stück
Pro Stück: 3 kcal • 0 g F • 0,1 g KH • 0,7 g P

1 Packung ungesüßte Götterspeise (z. B. Kirsche)
100 ml Wasser
1 TL Puder-Erythrit
1 EL Quark

1. Götterspeise, Wasser und Puder-Erythrit in einem Topf vermischen und erwärmen, bis sich eine homogene Masse gebildet hat.
2. Die Hälfte der Masse in eine Silikonform geben, die andere Hälfte mit 1 EL Quark vermischen und den Rest der Form befüllen. Das ergibt zwei unterschiedliche Farben und einen etwas anderen Geschmack.
3. Die Silikonform für 1–2 Std. in den Kühlschrank stellen.

Tipp:
Einfach ungesüßte Götterspeise nach Wunsch verwenden, zum Beispiel Zitrone, Waldmeister, Himbeere usw.

Essen ohne Zucker

Mit Zuckerersatz

Zuckerfreie Schokolade

Schokolade darf in zahlreichen Rezepten nicht fehlen. Online findet man darum mittlerweile zahlreiche Produkte, die ganz ohne Zucker auskommen und meist mit Xylit gesüßt werden. Die Produktauswahl ist recht groß. So werden nicht nur Schokolade, sondern auch Sirup, Schokoaufstrich und Schokobackzutaten ganz ohne Zucker angeboten. Schokosauce, Kuchenglasur und Co. lassen sich auch leicht selbst aus Kakaopulver, Süßungsmittel und ein paar anderen einfachen Zutaten herstellen. Schließlich enthält Backkakao keinen Zucker, lässt sich vielseitig einsetzen, sorgt für den heiß geliebten Schokogeschmack und ist sogar ein echtes Superfood! Mit vielen Antioxidantien, Magnesium und Eisen schützt Kakao unsere Zellen, hält uns jung und lässt sich ganz einfach beispielsweise zu leckerer Schokosauce verarbeiten.

Schokosauce

Für ca. 250 ml
Pro Portion mit 50 ml: 50 kcal • 0,2 g F • 3,1 g KH • 3 g P
vegetarisch, glutenfrei

40 g Kakaopulver, ungesüßt
180 ml Milch oder Pflanzenmilch
50–60 g Puder-Xylit oder Puder-Erythrit
evtl. 1 TL Guarkernmehl und
  Johannisbrotkernmehl zum Andicken

1. Die Zutaten werden in einem Topf vermischt und zum Kochen gebracht.
2. Nun die Schokosauce einfach unter Rühren einkochen lassen, bis die gewünschte Konsistenz erreicht ist, oder beispielsweise mit 1 TL Guarkernmehl oder Johannisbrotkernmehl andicken (langsam einrieseln lassen, sonst klumpt es).
3. Durch Abkühlen wird die Schokosauce auch fester in der Konsistenz.

Süßes und Desserts

Mit Zuckerersatz

Schokoglasur und dunkle Schokolade

Dieses Rezept kann man zum Herstellen von Schokoglasur oder dunkler Schokolade verwenden.
Für ca. 120 g
Pro Portion mit 20 g (eine herkömmliche »Rippe«): 102 kcal • 10,8 g F • 1 g KH • 0,2 g P
vegan, glutenfrei

50 g Kakaobutter
10 g Kokosöl
40 g Puder-Erythrit
20 g Kakaopulver
Mark einer Vanilleschote
1 Prise Salz

1. Kakaobutter und Kokosöl über heißem Wasserbad schmelzen (sollte nicht über 37 °C erhitzt werden).
2. Puder-Erythrit hinzufügen und unter Rühren auflösen. Kakaopulver, Vanille und Salz unterziehen und weiterhin gut verrühren.
3. Die fertige Schokomischung kann nun über Gebäck gegeben werden, wo sie eine tolle Glasur bildet. Man kann sie auch zu Schokolade weiterverarbeiten, z. B. abgefüllt in Pralinenformen oder als Bruchschokolade. Dazu die Masse auf ein mit Backpapier ausgelegtes Backblech streichen und nach Belieben mit gehackten Pistazien, gehackten Nüssen, Chia-Samen, gehackten Cranberrys etc. belegen. Im Kühlschrank aufbewahren!

Weiße Schokolade

Für weiße Schokolade das Schokoladen-Grundrezept verwenden und das Kakaopulver durch 15 Gramm weißes Mandelmus ersetzen.

Essen ohne Zucker

Schoko-Bananen-Kugeln

Für 10 Stück
Pro Portion: 59 kcal • 2,2 g KH • 4,4 g F • 2,1 g P
vegan, glutenfrei

½ reife Banane
1 EL frischer Orangensaft
80 g Mandeln
1 TL Kakaopulver

---

1. Banane schälen, in Stücke schneiden und mit dem Orangensaft in einer Schüssel pürieren.
2. Mandeln und Kakaopulver hinzugeben und alles gut verkneten.
3. Teig zum Festwerden mindestens 1 Std. in den Kühlschrank stellen.
4. Dann aus dem Kühlschrank nehmen und aus dem Teig 10 Kugeln formen. Bis zum Verzehr erneut kühl stellen.

Tipp:
Als Variation können Sie die Kugeln in gemahlenen Mandeln oder Kokosflocken wälzen. Im Kühlschrank sind die Kugeln ca. 1 Woche haltbar.

Süßes und Desserts

Ohne Zuckerzusatz

Mit Süße aus Früchten

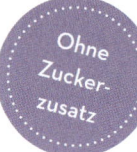

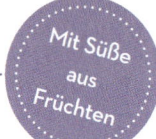

Schoko-Creme mit Beeren

Für 1 Portion
Pro Portion: 358 kcal • 39,1 g KH • 10,8 g F • 20,8 g P
vegetarisch, glutenfrei

100 g fettarme Milch, 1,5 % Fett
100 g Skyr, Natur, max. 0,2 % Fett
1 EL Kakaopulver (entölt)
1 TL gemahlene Leinsamen
1 Banane
3–4 Haselnusskerne
50 g Brombeeren (TK oder frisch)
1 TL Kakaonibs

1. Milch, Skyr, Kakaopulver, Leinsamen und Banane pürieren und in ein Glas umfüllen.
2. Haselnusskerne hacken.
3. Schoko-Creme mit gehackten Haselnüssen, Brombeeren und Kakaonibs toppen.

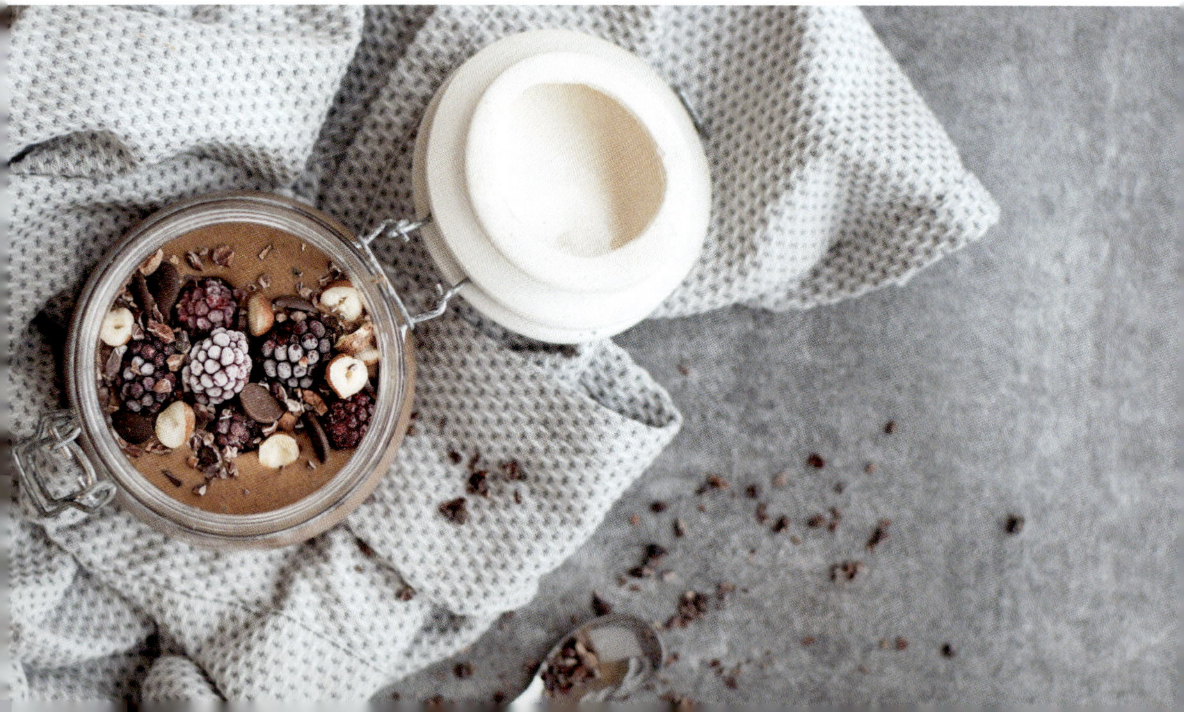

Snacks

Schinken-Zucchini-»Baguette«

Für 2 Portionen
Pro Portion: 398 kcal • 8,1 g KH • 27,6 g F • 30,1 g P
glutenfrei

1 mittelgroße Zucchini
200 g Frischkäse
200 g Magerquark
1 TL mittelscharfer Senf
Salz, Pfeffer
300 g gekochter Schinken

1. Zucchini waschen, putzen und längs in 4 ca. 1 cm dicke Scheiben schneiden.
2. Frischkäse, Quark und Senf in einer Schüssel verrühren und mit Salz und Pfeffer abschmecken.
3. Mit diesem Dip die 4 Zucchinischeiben bestreichen.
4. Den Schinken zuschneiden und auf 2 bestrichene Zucchinischeiben verteilen.
5. Die restlichen Zucchinischeiben als »Deckel« mit der bestrichenen Seite nach unten aufsetzen.

Tipp:
Mit frischem Basilikum servieren bzw. gehackte Petersilie oder Basilikum in den Dip einrühren oder gleich Kräuterfrischkäse verwenden.

Essen ohne Zucker

Gurkensushi

Ohne Zuckerzusatz

Für 2 Portionen
Pro Portion: 304 kcal • 10,6 g KH • 21,7 g F • 14,9 g P
glutenfrei

1 Salatgurke
100 g geräucherter Wildlachs
½ Avocado
1 Frühlingszwiebel
1 kleine Karotte
30 g Frischkäse (12 % Fett)
20 g Sesam

1. Die Gurke schälen und in 3 Teile von ca. 7 cm Länge schneiden.
2. Ein langes scharfes Messer anfeuchten und ein Gurkenstück ca. 3 mm einschneiden.
3. Die Gurke langsam drehen und weiter spiralförmig bis zur Mitte einschneiden.
4. Den Abstand von ca. 3 mm möglichst beibehalten. Das ergibt dann eine ca. 10 cm lange Gurkenspirale.
5. Den Wildlachs in Streifen schneiden.
6. Avocado halbieren, Kern entfernen, Fruchtfleisch aus der Schale heben und in Streifen schneiden.
7. Die Frühlingszwiebel putzen, waschen und in Ringe schneiden.
8. Die Karotte putzen, schälen und in Stifte schneiden.
9. Einen Topf mit Wasser aufsetzen und die Karottenstifte darin 3 Min. blanchieren. Danach durch ein Sieb abgießen und abkühlen lassen.
10. Für das Gurkensushi die Gurkenspirale ausrollen und auf ein Brett legen (lange Seiten rechts und links, kurze Seiten oben und unten).
11. Auf der unteren Hälfte der Gurke Lachs, Avocado und Karotte verteilen. Auf der oberen Hälfte etwas Frischkäse zum Verschließen der Rolle verstreichen.
12. Die Rolle nun von unten vorsichtig mit gleichmäßigem Druck aufrollen. Durch den Frischkäse sollte die Rolle gut zusammenhalten.
13. Die Gurkenrolle in Scheiben schneiden und diese mit Sesam und Frühlingszwiebeln bestreut servieren.
14. Dazu passen sehr gut Sojasauce, Wasabipaste und eingelegter Ingwer.

Essen ohne Zucker

Rote-Bete-Zucchini-Türmchen

Für 2 Portionen
Pro Portion: 413 kcal • 17g KH • 27,3 g F • 20,5 g P
vegetarisch, glutenfrei

300 g Zucchini
300 g gekochte Rote Bete (vakuumiert)
1 Avocado
200 g Hüttenkäse
2 EL Zitronensaft
Salz
Pfeffer
1 EL Olivenöl

1. Zucchini waschen und in 12 etwa 7 mm dicke Scheiben schneiden.
2. Rote Bete in 12 ebenso dicke Scheiben schneiden.
3. Avocado halbieren, den Kern entfernen und das Fruchtfleisch mit einem Löffel herausnehmen.
4. Aus Avocadofruchtfleisch, Hüttenkäse und Zitronensaft in einem Mixer oder mit dem Pürierstab eine Creme mixen. Mit Salz und Pfeffer abschmecken.
5. Olivenöl in einer Pfanne erhitzen. Zucchinischeiben darin von beiden Seiten goldbraun anbraten, dann salzen und pfeffern.
6. Gemüse und Avocadocreme zu 6 Türmchen schichten, dabei Zucchini, Creme und Rote Bete abwechselnd übereinander platzieren.

Tipp:
Mit gehackter Petersilie servieren.

Snacks

Essen ohne Zucker

Gefüllte Schinkenröllchen

Für 2 Portionen
Pro Portion: 295 kcal • 9,8 g KH • 18,3 g F • 21,9 g P
glutenfrei

---

1 rote Paprika
5 Stängel frischer Schnittlauch
   (oder 1 TL TK-Schnittlauch bzw.
   ½ TL getrockneter Schnittlauch)
100 g Frischkäse
100 g Magerquark
Salz
Pfeffer
Paprikapulver (optional)
200 g gekochter Schinken in Scheiben

1. Paprika waschen, putzen und eine Paprikahälfte in kleine Würfel schneiden, die andere Hälfte in Streifen.
2. Schnittlauch waschen und in kleine Röllchen schneiden.
3. Frischkäse und Magerquark in einer Schüssel verrühren.
4. Paprikawürfel und Schnittlauchröllchen untermischen. Mit Salz, Pfeffer und nach Belieben etwas Paprikapulver abschmecken.
5. Die Schinkenscheiben jeweils mit der Masse bestreichen und einrollen.
6. Dazu rohe Paprikastreifen knabbern.

Tipp:

Wenn man frischen Schnittlauch zur Hand hat, kann man die Schinkenröllchen auch damit umwickeln. Sehr dekorativ auf einer Servierplatte zusammen mit frischen Gemüsesticks.

Eis, Frozen Yoghurt

Erdbeer-Eis

Für 2 Portionen
Pro Portion: 129 kcal • 19,6 g KH • 0,9 g F • 8,5 g P
vegetarisch, glutenfrei

---

150 g Erdbeeren, tiefgefroren
1 Banane in Stücken, tiefgefroren
100 g Magerquark
50 g Naturjoghurt

---

1. Die gefrorenen Erdbeeren und Bananenstücke pürieren.
2. Magerquark und Joghurt hinzufügen und gut durchmischen. Entweder sofort verzehren (cremig) oder nochmal 1 Std. in das Gefrierfach stellen (festere Konsistenz).

Essen ohne Zucker

Coole Fruity-Bites

Mit Zuckerersatz

Für 12 Stück
Pro Portion: 43 kcal • 2,6 g F • 2,3 g KH • 1,5 g P
vegetarisch

150 g frische Himbeeren (oder Beeren nach Wahl)
250 g Joghurt
10 g Puder-Xylit
Mark einer ½ Vanilleschote
50 g Schokodrops aus Xylit
   (alternativ: gehackte Low-Carb-Schokolade, Kakaonibs)
12 Muffinförmchen und Muffinblech

1. Die Himbeeren waschen und trocken tupfen.
2. Förmchen in die Mulden eines Muffinblechs legen.
3. Den Joghurt mit Xylit und Vanillemark verrühren und gleichmäßig auf die Förmchen verteilen. Die Förmchen jeweils nur bis zur Hälfte füllen.
4. Die Himbeeren in den Joghurt drücken und mit Schokodrops, Kakaonibs oder gehackter Low-Carb-Schokolade verzieren.
5. Das Muffinblech nun für mind. 1 Std. in den Gefrierschrank stellen.
6. Vor dem Verzehr aus dem Gefrierschrank nehmen und leicht antauen lassen.
7. Die coole Erfrischung kann in einen Zip-Beutel oder frostfesten Behälter umgefüllt und portionsweise entnommen werden.

Eis, Frozen Yoghurt

Essen ohne Zucker

Schoko-Popsicles

Für 8 Stück
Pro Stück: 177 kcal • 21,9 g KH • 7,5 g F • 4,6 g P
vegan, glutenfrei

Mit Zuckerersatz (Schokolade)

50 g Low-Carb-Schokolade Zartbitter
60 g geröstete Haselnüsse
35 g Kokosmilch
1 TL Kokosöl
1 Prise Salz
60 g Haselnussmilch (oder eine andere Nussmilchsorte)
5 mittelgroße reife Bananen

1. Schokolade und Haselnüsse mithilfe einer Küchenmaschine zerkleinern.
2. Kokosmilch, Kokosöl, Salz und Haselnussmilch hinzufügen, erwärmen und unter Rühren verschmelzen.
3. Bananen schälen und pürieren.
4. Schokomasse etwas abkühlen lassen und mit Bananenpüree vermischen und alles nochmal durchpürieren.
5. In 6 Eisförmchen füllen und für mindestens 6 Std. einfrieren.

Brot, Brötchen, Cracker

Brot

Ohne Zuckerzusatz

Für 1 Brot/ca. 12 Scheiben
Pro Scheibe: 103 kcal • 2,8 g KH • 4,2 g F • 11,7 g P
vegetarisch, glutenfrei

250 g Magerquark
3 Eier
200 g Mandelmehl
1 EL Flohsamenschalen
1 TL Salz
40 g Sonnenblumenkerne

1. Den Backofen auf 160 °C Umluft vorheizen.
2. Quark, Eier und Mandelmehl in einer Schüssel vermengen, bis eine gleichmäßige Masse entsteht. Flohsamenschalen und Salz dazugeben und erneut gut vermischen.
3. Die Hälfte der Sonnenblumenkerne gleichmäßig unter den Teig mischen und die Masse zu einem Laib kneten oder in eine gefettete Brotbackform geben.
4. Die restlichen Sonnenblumenkerne auf den Teig streuen und das Brot ca. 50 Min. im Ofen backen.

Essen ohne Zucker

Ohne Zuckerzusatz

Brötchen

Für 6 Brötchen
Pro Brötchen: 168 kcal • 5,8 g KH • 8,1 g F • 13,6 g P
vegetarisch, glutenfrei

50 g Sonnenblumenkerne
25 g Chia-Samen
150 g Hüttenkäse
150 g Quark
4 Eier
30 g Flohsamenschalenpulver
1 TL Backpulver
1 Prise Salz
optional Sonnenblumenkerne, Kürbiskerne, Sesamsamen zum Bestreuen

1. Den Backofen auf 170 °C Umluft vorheizen.
2. Die Sonnenblumenkerne und die Chia-Samen in einer Küchenmaschine zu einem feinen Mehl zerkleinern.
3. Hüttenkäse, Quark und Eier in einer Schüssel miteinander verrühren.
4. Das Sonnenblumen-Chia-Mehl mit dem Flohsamenschalenpulver, dem Backpulver sowie dem Salz hinzufügen und alles gründlich verrühren.
5. Aus dem Brötchenteig 6 gleich große Kugeln formen, diese auf ein mit Backpapier ausgelegtes Backblech legen und etwas eindrücken.
6. Die Brötchen nach Belieben mit Kernen und Samen bestreuen und ca. 30–40 Min. im Ofen backen.
7. Die Brötchen sind fertig, wenn sie eine schöne Bräune angenommen haben. Vor dem Verzehr etwas abkühlen lassen.

Brot, Brötchen, Cracker

Essen ohne Zucker

Pikante Quinoa-Cracker

Ohne Zuckerzusatz

Für ca. 24 Stück
Pro Stück: 30 kcal • 1,3 g F • 3,2 g KH • 1,3 g P
vegetarisch

80 g gepuffte Quinoa
2 Eier
40 g Dinkelmehl
1 EL Kokosöl
2 EL Wasser
½ TL Paprikapulver
¼ TL Currypulver
Salz
Pfeffer
Cayennepfeffer

1. Backofen vorheizen auf 190 °C Umluft.
2. Die Eier kurz aufschlagen und mit den Gewürzen vermengen.
3. Das Kokosöl schmelzen.
4. Nun alle Zutaten miteinander vermengen und gut abschmecken.
5. Aus dem Teig kleine Kugeln formen und diese platt drücken, sodass je ein flacher, runder Cracker entsteht.
6. Die Cracker auf einem mit Backpapier belegten Backblech verteilen und für ca. 12 Min. backen.
7. Kurz abkühlen lassen und am besten direkt frisch genießen.

Knabbern

Käse-Chips

Für 4 Snack-Portionen
Pro Portion: 223 kcal • 0,3 g KH • 16 g F • 19,7 g P
vegetarisch, glutenfrei

150 g grob geriebener Parmesan
100 g grob geriebener Gouda
Gewürze nach Belieben, z. B. 1 EL Paprikapulver (edelsüß) oder 1 EL Kräuter der Provence oder 1 EL Knoblauchgranulat

1. Den Ofen auf 180 °C Umluft vorheizen.
2. Ein Backblech mit Backpapier belegen.
3. Parmesan, Gouda und Gewürze in einer Schüssel vermengen.
4. Die Käsemischung mithilfe eines Esslöffels als kleine Häufchen auf dem Blech platzieren. Unbedingt genügend Abstand lassen, denn die Häufchen zerlaufen ziemlich. Ggf. müssen mehrere Bleche befüllt werden.
5. Die Käse-Chips 15 Min. auf mittlerer Schiene backen und danach komplett abkühlen lassen.

Essen ohne Zucker

Brokkolistrunk-Chips

Ohne Zuckerzusatz

Für 2 Snack-Portionen
Pro Portion: 178 kcal • 2,6 g KH • 13,3 g F • 9,9 g P
vegetarisch, glutenfrei

Strunk von 1–2 Brokkoli
2 EL Olivenöl
Salz, Pfeffer
Gewürze nach Wahl, z. B. Paprikapulver, Chili, Kurkuma
50 g Reibekäse

---

1. Strunk waschen und trocken tupfen.
2. Strunk evtl. abschälen (optional) bzw. dunkle Stellen abschneiden.
3. In die gewünschte Größe, zum Beispiel in Scheiben, schneiden.
4. Olivenöl und Gewürze nach Wahl in einer Schüssel vermischen.
5. Strunkscheiben hinzufügen und alles gut vermengen, damit alle Teile mit Öl bedeckt sind.
6. Schüssel abdecken und ca. 30 Min. ziehen lassen.
7. Backofen auf 150 °C Umluft vorheizen.
8. Marinierte Brokkolistücke auf ein mit Backpapier ausgelegtes Backblech geben. Einen Teil davon mit Reibekäse bestreuen.
9. Ca. 15–20 Min. im Ofen backen.

Tipp:
Leckere Knabberei – schmeckt warm und kalt.

Knabbern

Essen ohne Zucker

Zucchini-Chips

Ohne Zuckerzusatz

Für 2 Snack-Portionen
Pro Portion: 93 kcal • 3,3 g KH • 7,5 g F • 2,4 g P
vegan, glutenfrei

1 mittelgroße Zucchini (ca. 300 g)
1 EL Olivenöl
Gewürze nach Belieben, z. B. Salz, Pfeffer, Pommes-Gewürz, Paprikapulver (edelsüß), Knoblauchpulver, Rosmarin

1. Den Ofen auf 180 °C Umluft vorheizen.
2. Ein Backblech mit Backpapier belegen.
3. Die Zucchini waschen, die Enden abschneiden und die Zucchini in sehr dünne Scheiben hobeln.
4. Das Öl mit den Gewürzen in einer Schüssel vermischen und die Zucchini dazugeben. Alles gut durchrühren.
5. Die Zucchinischeiben möglichst eng auf dem Backblech verteilen, sie sollten aber nicht überlappen. Evtl. noch ein weiteres Blech verwenden oder den Vorgang wiederholen.
6. Chips im Ofen ca. 40–45 Min. backen. Nach der Hälfte der Zeit einmal wenden.

Knabbern

Ohne Zuckerzusatz

Salami-Chips

Für 2 Snack-Portionen
Pro Portion: 198 kcal • 2 g KH • 17,8 g F • 10,2 g P
glutenfrei

100 g Salami (am Stück)
Salz
Pfeffer
Paprikapulver, edelsüß
Chilipulver

1. Backofen auf 180 °C Ober-/Unterhitze vorheizen.
2. Die Salami in sehr dünne Scheiben (ca. 1 mm) schneiden. Da in der Salami genügend Fett vorhanden ist, wird kein Öl benötigt.
3. Die Scheiben in einer Schüssel nach Geschmack mit Salz, Pfeffer, Paprikapulver und Chili würzen.
4. Salami auf einem mit Backpapier ausgelegten Backblech verteilen und 10–15 Min. im Ofen backen. Alle 5 Min. kurz die Türe öffnen und den Dampf entweichen lassen, damit die Chips schön knackig werden.
5. Zum Schluss Salami-Chips herausnehmen, auf einem Küchentuch ausbreiten und abkühlen lassen.

Essen ohne Zucker

Apfelschalen-Chips

Für 2 Snack-Portionen
Pro Portion: 56 kcal • 14,6 g KH • 0,1 g F • 0,3 g P
vegan, glutenfrei

200 g Apfelschalen (gewaschen)
1 EL Zitronensaft
1 Prise Zimt

1. Backofen auf 170 °C Umluft vorheizen.
2. Apfelschalen mit Zitronensaft und Zimt vermischen und auf ein mit Backpapier ausgelegtes Blech geben.
3. Im Ofen für etwa 15–20 Min. »backen«. Dabei mehrmals wenden.

Tipp:

Um nicht zusätzlich Strom zu verbrauchen, während Sie die Chips herstellen, können Sie das gefüllte Blech einfach auf unterer Schiene mit in den Backofen geben, wenn Sie zum Beispiel einen Apfelkuchen backen, bei dessen Zubereitung die Schalen angefallen sind.
Apfelschalen kann man auch einfrieren und sammeln, bis eine ausreichende Menge für ein paar Portionen vorhanden ist.
Eignet sich als süße Knabberei oder auch als Topping auf oder zum Unterrühren in Müsli, Joghurt, Fruchtquark usw.
Kühl aufbewahren und innerhalb von 4–5 Tagen verbrauchen.

Basics

Nuss-Nugat-Creme

Für ca. 300 ml
Pro 20 g: 121 kcal • 12,4 g F • 0,9 g KH • 1,4 g P
vegetarisch, glutenfrei

160 g Butter
4 EL Kakaopulver
4 EL weißes Mandel- oder Haselnussmus
½ TL Vanillearoma
40 g Puder-Erythrit
50 ml Sahne oder Milch

1. Die Butter schmelzen.
2. Alle Zutaten in ein hohes Gefäß geben. Mit einem Pürierstab durchmixen.
3. Je nach Bedarf gegebenenfalls noch etwas Sahne oder Milch hinzufügen.
4. In ein Glas umfüllen. Abkühlen lassen und genießen.

Essen ohne Zucker

Ketchup

Für ca. 400 g
Pro Portion (ca. 20 g): 22 kcal • 1,5 g KH • 0,8 g F • 0,4 g P
vegan, glutenfrei

1 kleine Zwiebel
2 Knoblauchzehen
1 EL Olivenöl
400 g stückige Tomaten
   (aus der Dose)
2 Lorbeerblätter
2 EL Apfelessig
2 EL Xylit
1 TL Currypulver
1 TL Paprikapulver, edelsüß
je eine Prise Salz und Pfeffer
optional etwas Chilipulver

1. Zwiebel und Knoblauchzehen schälen und klein würfeln. Olivenöl in einem Topf bei mittlerer Hitze erwärmen und Zwiebel und Knoblauch darin anschwitzen.
2. Die Tomaten, die Lorbeerblätter sowie den Apfelessig hinzugeben und alles zum Köcheln bringen. Nun Xylit und die Gewürze unterrühren und alles etwa 30 Min. lang bei geringer Hitze köcheln lassen, bis der Ketchup eine cremige Konsistenz erreicht hat.
3. Das Ganze noch einmal abschmecken, eventuell mehr Schärfe oder Süße hinzufügen.
4. Die Lorbeerblätter entfernen und Ketchup anschließend mit einem Pürierstab pürieren. Ketchup am besten auf Vorrat herstellen. Noch heiß in ein sauberes Einmachglas füllen, gut verschließen, auf den Kopf stellen und den Ketchup komplett auskühlen lassen, ehe er im Kühlschrank aufbewahrt wird.

Basics

Ohne Zuckerzusatz

Frischkäse-Dips

Für je ein kleines Glas (100 g)
Pro 100 g Schnittlauch-Senf-Dip: 112 kcal • 3,8 KH • 4,5 g F • 13,2 g P
Pro 100 g Tomate-Basilikum-Dip: 109 kcal • 5 KH • 4,1 g F • 12,5 g P
Pro 100 g Curry-Dip: 105 kcal • 4,3 KH • 4,2 g F • 12,2 g P
vegetarisch, glutenfrei

Für den Schnittlauch-Senf-Dip:

100 g Frischkäse
2 EL Schnittlauch, gehackt
1 TL Senf
Salz
Pfeffer

Für den Tomate-Basilikum-Dip:

100 g Frischkäse
5 Blätter Basilikum, fein gehackt
½ TL Tomatenmark
3 Kirschtomaten, klein gewürfelt
Salz
Pfeffer

Für den Curry-Dip:

100 g Frischkäse
½ TL Currypulver
1 Prise Kreuzkümmel
1 Prise Chili
Salz
Pfeffer

1. Jeweils den Frischkäse in einer Schüssel glatt rühren und mit den restlichen Zutaten vermengen.
2. Dips in verschließbare Gläser füllen und bis zum Servieren kalt stellen.

Essen ohne Zucker

Gemüsebrühenpaste

Für ca. 400 g (ca. 20 Portionen)
Pro Portion (20 g): 9 kcal • 1,3 g KH • 0,1 g F • 0,4 g P
vegan, glutenfrei

400 g Gemüse (z. B. Sellerie, Lauch, Karotten, Pastinaken, Außenblätter und Strunk von diversen Kohlsorten, Gartenkräuter wie z. B. Petersilie usw.), gewaschen
1 EL Öl
500 ml Wasser
1 EL Salz
Pfeffer
Einweckgläser mit insgesamt 400 ml Fassungsvermögen

1. Gemüse waschen, evtl. schälen und zerkleinern, Kräuter hacken.
2. Öl in den Topf geben und Gemüse und Kräuter hinzufügen, kurz andünsten.
3. Wasser einfüllen und alles zum Kochen bringen.
4. Ca. 35 Min. köcheln lassen, bis die Gemüsereste weich gekocht sind.
5. Wasser abgießen und auffangen (kann man als Gemüsebrühe verwenden).
6. Gemüse und Kräuter pürieren und evtl. nochmal mit Salz und Pfeffer abschmecken.
7. Gemüsebrühenpaste noch heiß in Gläser abfüllen oder in Eiswürfelformen als Brühwürfel einfrieren.

Tipp:
1 TL Paste ergibt 250 ml Gemüsebrühe.

Basics — Mit Zuckerersatz

Marmelade

Für ein kleines Glas
Pro Portion (20 g): 7,6 kcal • 0,1 g F • 1,2 g KH • 0,2 g P
vegan, glutenfrei

150 g Erdbeeren oder andere Beeren wie Heidelbeeren oder Johannisbeeren
1 EL Zitronensaft
10 g Puder-Erythrit (je nach Süße der Beeren noch etwas Erythrit hinzufügen)
½ TL Agar-Agar

1. Erdbeeren putzen und vom Strunk befreien. Zusammen mit Zitronensaft und Puder-Erythrit pürieren.
2. In einen Topf füllen und die Erdbeermasse zum Kochen bringen.
3. Unter Rühren das Agar-Agar einrieseln lassen und ca. 5 Min. weiterköcheln lassen.
4. Danach sofort in ein sauberes, gut verschließbares Glas (z. B. Einweckglas) umfüllen und im Kühlschrank aufbewahren.

Essen ohne Zucker

Erdnussbutter

Mit Zuckerersatz

Für ca. 200 g Erdnussbutter
Pro Portion mit 20 g: 131 kcal • 0,1 g F • 1,6 g KH • 0,1 g P
vegan, glutenfrei

---

200 g Erdnüsse (ohne Schale)
1 EL Xylit
1 Prise Salz
1–2 EL Erdnuss- oder Sonnenblumenöl

---

1. Zum Herstellen der leckeren Nussbutter werden Erdnüsse zuerst im Backofen oder in der Pfanne kurz angeröstet. Hierzu die Nüsse einfach bei ca. 150 °C Heißluft 10 Min. lang in den Backofen schieben oder vorsichtig ohne Fett ein paar Minuten in der Pfanne rösten. Selbstverständlich können auch bereits geröstete Nüsse verwendet werden.
2. Die gerösteten Erdnüsse nach dem Auskühlen zusammen mit dem Xylit und der Prise Salz in einen leistungsstarken Küchenmixer geben und nach und nach fein zerkleinern.
3. Evtl. zwischendurch die Nussmasse mit einem Spatel wieder nach unten Richtung Messer schieben.
4. Nun 1–2 EL Öl (Erdnuss- oder Sonnenblumenöl eignen sich besonders gut) hinzufügen und weitermixen, bis die gewünschte Konsistenz erreicht ist.
5. Durch das Mixen ist das Erdnussmus direkt nach der Zubereitung etwas flüssiger, weil es noch warm ist. Im Kühlschrank bekommt es dann eine festere Konsistenz und ist nun etwa zwei Wochen lang haltbar und kann Desserts, Smoothies oder auch Gebäck verfeinern.

Basics

Danksagung

Bianca zeigt mit ihrem Food-und-Fitness-Instagram-Account @biancazapatka sowie in ihrem Blog www.biancazapatka.com anhand von schönen Fotografien, wie lecker, bewusst und ausgewogen man sich ernähren kann. Egal ob vegetarisch, mit Fleisch/Fisch und süß oder herzhaft. Hier ist für jeden etwas dabei und hier wird garantiert jeder hungrig!

Männer an den Herd! Egal ob vegan oder vegetarisch, süß oder herzhaft – Christopher, auch bekannt als @fussal93 auf Instagram, liebt es, in der Küche mit seinen Zutaten zu experimentieren und seine Kreationen schmackhaft in Szene zu setzen. Sein Motto: Genuss kann auch ganz einfach sein!

Diana vom Blog www.schwarzgrueneszebra.de teilt auf ihrer Seite jede Woche leckere Low-Carb-Gerichte. Nicht nur schnelle Gerichte für jeden Tag, sondern auch Außergewöhnliches für die besonderen Momente oder den süßen Zahn. Ihr Motto lautet: Geht nicht gibt's nicht!

Eileen von www.veggieundvegan.de bloggt auf ihrem vegetarischen und veganen Blog über Rezepte, Inspirationen und Nützliches aus und für die Küche. Auf ihrer Instagram-Seite @eileen_mo_ zeigt sie ihren Followern, wie ausgefallen die vegetarische Küche sein kann.

Katharina Clören – Schnelle, gesunde Fitness-Küche für jedermann.

Leckereien können gesund sein, und ausgewogen kochen geht auch in der Mikrowelle. Wie? Das zeigt Katharina auf ihrem Fitness-Account bei Instagram @squatsandpeanuts.

@Leilajasmin_, auf Instagram bekannt, zeigt auf ihrem Account, dass man Essen auch ohne schlechtes Gewissen genießen kann. Selbst dann, wenn man auf seine Ernährung achten, gesund leben oder sogar etwas abnehmen möchte.

Mandy zeigt auf ihrem Instagram-Account @mia.mirabelle einfache Rezepte, die leicht umzusetzen und auch noch gesund sind. Hier ist von low carb, low fat bis hin zu vegetarisch und vegan von allem etwas dabei. Zudem werden alle Back- und Kochwerke liebevoll in Szene gesetzt, sodass allein schon die Fotos Lust aufs Backen bzw. Kochen machen.

Nadin von Fitnessfood4u – healthy food for sporty people.

In ihrem Blog www.fitnessfood4u.de und auf Facebook zeigt sie gesunde Rezeptideen und schöne Food-Fotos.

Ronja vom Online-Magazin Food'n'Photo zeigt, dass auch das Auge mitisst. Auf ihrem Blog www.foodnphoto.de und ihrem Instagram-Account @miss_gruenkern präsentiert sie leckere und gesunde Gerichte, die allein beim Ansehen Appetit bereiten.

Sich gesund und ausgewogen zu ernähren kann so einfach sein! Wie man simple, aber dennoch leckere Gerichte ganz leicht in den Alltag integrieren kann, zeigt Vanessa auf ihrem Instagram-Account @vanvanblabla.

Über die Autorin

Veronika Pichl, Jahrgang 1980, ist erfolgreiche Buchautorin zu den Themen Abnehmen, Ernährung, Bewegung und Glücklichsein. Sie entwickelt Ratgeber für den riva Verlag und den von ihr selbst gegründeten Happy Fit Food Verlag (www.happyfitfood.de).

Bild- und Rezeptnachweis

S. 23: Pancakes (Rezept + Foto): Karina Sowa, karinasowa.com
S. 25: Bananenbrot (Rezept): Miriam Matin
S. 26: Kaffee-Oatmeal (Rezept + Foto): Bianca Zapatka, @biancazapatka
S. 27: Superfood-Müsli-Bowl (Rezept + Foto): Nadin Schatter, fitnessfood4u.de
S. 34–35: Minestrone mit weißen Bohnen (Rezept + Foto): Miriam Matin
S. 36: Cremige Brokkoli-Sellerie-Suppe mit Feta (Rezept + Foto): Miriam Matin
S. 37: Beeriger Blattspinat-Salat (Rezept + Foto): Christopher Breitfuß, @fussal93
S. 38–39: Avocado-Lachs-Salat (Rezept + Foto): Karina Sowa, karinasowa.com
S. 40: Zucchinisalat mit Schafskäse, Oliven und Pinienkernen (Rezept): Katharina Clören, @squatsandpeanuts
S. 42–43: Asiapfanne mit Blumenkohlreis (Rezept + Foto): Diana Ruchser, schwarzgrueneszebra.de
S. 44–45: Chicken–Nuggets mit Curry-Dip (Rezept + Foto): Eileen Moser, veggieundvegan.de
S. 46: Hähnchen-Bruschetta (Rezept + Foto): Mandy Brünig, @mia.mirabelle
S. 47: Kohlrabi-Hack-Auflauf (Rezept + Foto): Diana Ruchser, schwarzgrueneszebra.de
S. 50–51: Spaghetti bolognese (Rezept + Foto): Leila Jasmin, @leilajasmin_
S. 52–53: Burger (Rezept + Foto): Leila Jasmin, @leilajasmin_
S. 54–55: Brokkolinudeln mit Brokkoli-Käse-Sauce (Rezept + Foto): Diana Ruchser, schwarzgrueneszebra.de
S. 57: Lachsomelett (Rezept + Foto): Karina Sowa, karinasowa.com
S. 59: Blumisotto mit Garnelen (Rezept + Foto): Diana Ruchser, schwarzgrueneszebra.de
S. 66–67: Gnocchi mit fruchtiger Tomatensauce (Rezept + Foto): Eileen Moser, veggieundvegan.de
S. 68–69: Zucchinispaghetti mit Avocado-Spinat-Pesto (Rezept + Foto): Ronja Pfuhl, @miss_gruenkern
S. 70: Deftige Zucchini-Pancakes mit Joghurt-Dip (Rezept + Foto): Vanessa Faschingbauer, @vanvanblabla
S. 74: Schoko-Cookies (Rezept + Foto): Nadin Schatter, fitnessfood4u.de
S. 75: Fruchtgummi (Rezept + Foto): Leila Jasmin, @leilajasmin_
S. 82–83: Gurkensushi (Rezept + Foto): Eileen Moser, veggieundvegan.de
S. 84–85: Rote-Bete-Zucchini-Türmchen (Rezept + Foto): Miriam Matin
S. 87: Erdbeer-Eis (Rezept + Foto): Karina Sowa, karinasowa.com
S. 90: Schoko-Popsicles (Rezept): Vanessa Faschingbauer, @vanvanblabla
S. 91: Brot (Rezept + Foto): Nadin Schatter, fitnessfood4u.de
S. 92: Brötchen (Rezept + Foto): Miriam Matin
S. 94: Pikante Quinoa-Cracker (Rezept + Foto): Ronja Pfuhl, @miss_gruenkern
S. 95: Käse-Chips (Rezept + Foto): Eileen Moser, veggieundvegan.de
S. 96–97: Brokkolistrunk-Chips (Rezept + Foto): Veronika Pichl, happyfitfood.de
S. 99: Salami-Chips (Rezept + Foto): Leila Jasmin, @leilajasmin_
S. 100: Apfelschalen-Chips (Rezept + Foto): Mandy Brünig, @mia.mirabelle
S. 101: Nuss-Nugat-Creme (Rezept + Foto): Diana Ruchser, schwarzgrueneszebra.de
S. 102: Ketchup (Rezept): Miriam Matin
S. 103: Frischkäse-Dips (Rezept + Foto): Ronja Pfuhl, @miss_gruenkern

Bild- und Rezeptnachweis

S. 7: Oleksandra Naumenko/shutterstock.com; S. 8: Niradj/shutterstock.com; S. 9: Africa Studio/shutterstock.com; S. 10: Nitr/shutterstock.com; S. 11: William Potter/shutterstock.com; S. 12 links unten: Shebeko/shutterstock.com; S. 12 rechts oben: Africa Studio/shutterstock.com; S. 13: Stokkete/shutterstock.com; S. 14: Alexander Prokopenko/shutterstock.com; S. 15 links oben: baibaz/shutterstock.com; S. 15 rechts unten: Dream79/shutterstock.com; S. 16 links unten: Chiociolla/shutterstock.com; S. 16 rechts oben: KatharinaRau/shutterstock.com; S. 18 links oben: Stokkete/shutterstock.com; S. 18 rechts unten: rtbilder/shutterstock.com; S. 19: Natalie Board/shutterstock.com; S. 20 links oben: yuda chen/shutterstock.com; S. 20 rechts unten: Dmytro Balkhovitin/shutterstock.com; S. 21: ipag collection/shutterstock.com; S. 22 oben: Monika Wisniewska/shutterstock.com; S. 22 unten: Gayvoronskaya_Yana/shutterstock.com; S. 24 JeniFoto/shutterstock.com; S. 25: A_Lein/shutterstock.com; S. 28: Fascinadora/shutterstock.com; S. 31: Kati Molin/shutterstock.com; S. 32: Oksana Mizina/shutterstock.com; S. 33: Volodymyr Shablei/shutterstock.com; S. 40: Timolina//shutterstock.com; S. 41: sarsmis/shutterstock.com; S. 48: laperla_foto/shutterstock.com; S. 56: Digivic/shutterstock.com; S. 58: Patryk_Kosmider/shutterstock.com; S. 61: Ryzhkov Photography/shutterstock.com; S. 62: sarsmis/shutterstock.com; S. 63: Africa Studio/shutterstock.com; S. 64: Elena Veselova/shutterstock.com; S. 71: Anna Om/shutterstock.com; S. 72 sarsmis/shutterstock.com; S. 73: Krzysztof Slusarczyk/shutterstock.com; S. 76: NADKI/shutterstock.com; S. 77 oben: Yala/shutterstock.com; S. 77 unten: Brent Hofacker/shutterstock.com; S. 79: Viktor Kochetkov/shutterstock.com; S. 80: HealthyLauraCom/shutterstock.com; S. 81: Heike Rau/shutterstock.com; S. 86: Teresa Kasprzycka/shutterstock.com; S. 89: Cristi Kerekes/shutterstock.com; S. 90: zarzamora/shutterstock.com; S. 98: julie deshaies/shutterstock.com; S. 102: Yulia Davidovich/shutterstock.com; S. 104: Natalie_Barth/shutterstock.com; S. 105: Christian Jung/shutterstock.com; S. 107: Christian Jung/shutterstock.com

Weitere Bücher der Autorin